AF312213

L'ART

DE

PEINDRE LES PAYSAGES

2126-91. — Corbeil. Imprimerie Crété.

L'ART

DE

PEINDRE LES PAYSAGES

PAR

G. FRAIPONT

PROFESSEUR A LA LÉGION D'HONNEUR

Ouvrage accompagné de 50 dessins inédits de l'auteur
et d'un fac-similé d'aquarelle.

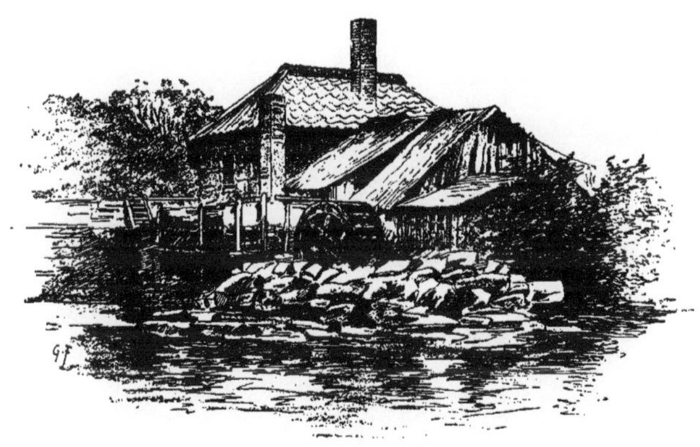

PARIS

LIBRAIRIE RENOUARD

H. LAURENS, ÉDITEUR

6, RUE DE TOURNON, 6

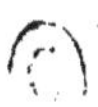

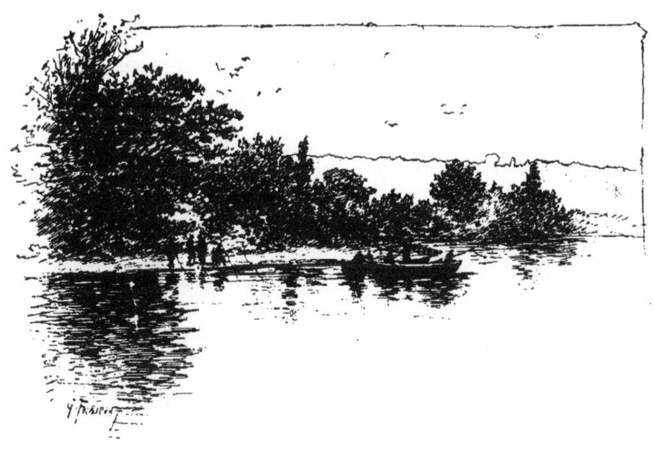

INTRODUCTION

Au Dr Paul SEGOND
Reconnaissant hommage.

Le mot *paysage* évoque toujours en nous une idée gaie; il reporte notre souvenir vers un coin aimé, nous rappelle une chaumière cachée sous les arbres, un ruisselet que nous avons franchi d'un pas, un arbre sous lequel nous nous sommes reposé. Il éveille chez le peintre amateur ou artiste l'envie de boucler son sac et d'aller en plein air s'installer la palette à la main! Où qu'il aille, il sera toujours sûr de trouver à pocher un petit, tout petit motif, ou à peindre un imposant ensemble, à essayer ses forces pour rendre un brillant coucher de soleil ou un séduisant clair de lune.

Qu'on aime la campagne au point de désirer y rester toujours ou seulement pour y passer quelques heures, on est séduit par les spectacles qu'elle vous offre. Au tournant d'une route ou du sommet d'une montagne, on verra se dérouler un panorama superbe ou se produire un effet imprévu; l'un ou l'autre (souvent les deux réunis) vous feront rester là des heures à rêver.

Un artiste de nos amis, grand fumeur devant l'Éternel, assez heureux pour habiter les Pyrénées, pays superbe où foisonnent les panoramas féeriques et les fantastiques effets de lumière, avait une façon assez singulière d'ap-

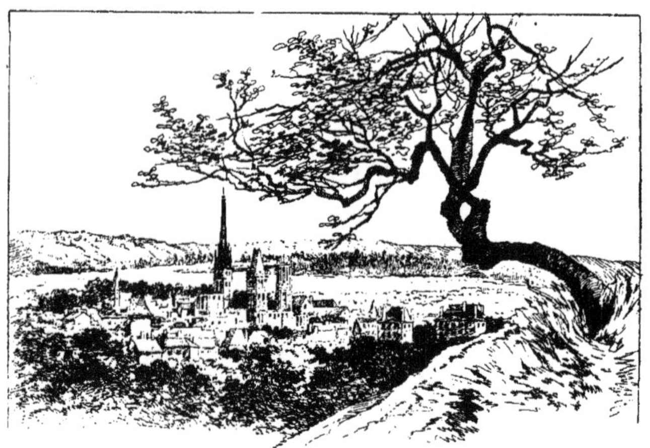

précier le plus ou moins d'émotion que lui procurait tel ou tel point de vue.

— Je vais vous montrer, me dit-il un jour, un site qui vaut au bas mot vingt-cinq cigarettes!

— ...?

— Ah! c'est vrai, vous n'êtes pas au courant; voici : j'ai l'habitude, avant de peindre un sujet, de bien l'étudier *de visu* et je viens bien des fois le considérer en flâneur avant d'y venir en peintre. Or, si tel endroit ne m'a séduit qu'à moitié, je n'y passe guère que le temps de fumer deux cigarettes; devant tel autre, je resterai stationnaire pendant le temps voulu pour en brûler

quatre. Plus j'ai consumé de cigarettes, plus de temps,
naturellement, le motif m'a retenu et plus, par conséquent, il est digne de mes pinceaux. Eh bien, mon cher
ami, j'ai trouvé dans ce merveilleux pays, des endroits
qui m'ont fait user des paquets de cigarettes entiers !
Quand j'ai peint ceux-là, je ne retourne jamais les revoir...

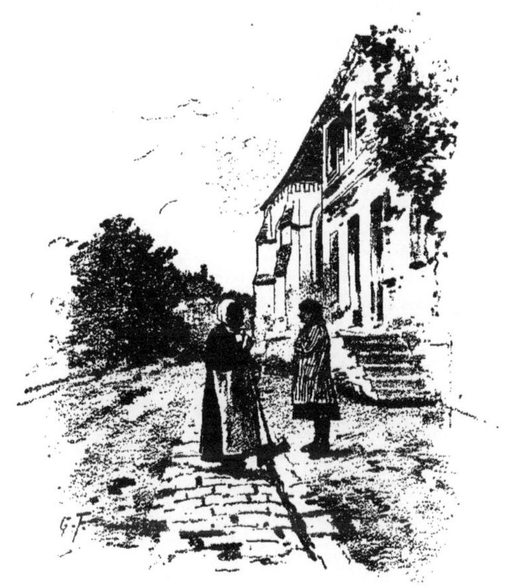

j'use trop de tabac; mais les sujets à peindre sont tellement nombreux ici, tellement variés, qu'il faudrait vingt
fois, cent fois mon existence pour en ébaucher la moitié.
C'est donc un principe chez moi : il me faut des points
valant vingt-cinq cigarettes, minimum, pour me décider
à y revenir avec armes et bagages... A vingt-quatre, rien
de fait !

C'est un original de talent, mon ami le fumeur, il
s'attaque à des sujets d'une difficulté inouïe et rend, de
main de maître, les effets les plus difficiles; il lui faut

donc trouver, dans un sujet, le dessin, quelque compliqué qu'il soit, la couleur, l'effet!

C'est à des débutants que nous nous adressons : qu'ils
se contentent, pour leurs premiers coups de pinceau, de
motifs qui ne sembleraient même point dignes, à mon
ami, de lancer deux bouffées ; ils en arriveront petit à
petit aux sujets valant deux, trois, dix cigarettes... Ceux
qui ne fument pas trouveront bien, par devers eux, un
moyen autre, cela n'en sera que mieux pour leur santé
et pour leur bourse.

L'ART

DE

PEINDRE LES PAYSAGES

PREMIÈRE PARTIE

CHAPITRE I

CONSEILS PRÉLIMINAIRES

Pour qui a travaillé déjà quelque peu d'après nature, pour qui sait manier déjà le pinceau et connaît les ressources de sa palette, le paysage est certainement le genre qui présente le plus d'attraits, le plus de variété, peut-être aussi les plus grandes difficultés : c'est pour cette raison que, dans le volume précédant celui-ci et ayant pour objet *la Marine*, nous avons conseillé fortement de débuter par des études de *marines* avant de s'attaquer au paysage proprement dit. Pour commencer à peindre, il faut d'abord choisir des sujets simples de dessin et de couleur, autrement on risquerait fort de s'embarbouiller dans les bleus et les verts, les rouges et les jaunes, de façon telle qu'on n'en pourrait sortir et que, découragé, on enverrait aux orties sa palette, ses couleurs et... tout le reste.

Si, au contraire, on a été graduellement, si on a commencé par un bon petit sujet, tout simplet, tout tranquille, et qu'on soit arrivé à en donner la couleur et l'effet de façon satisfaisante, si, après cela, on a fait un pas en avant pour essayer ses forces sur un motif un peu plus difficile, on arrivera vite, en procédant toujours

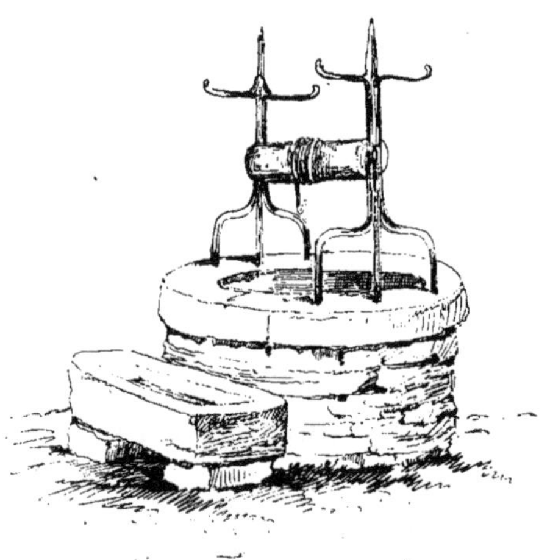

de même, à faire de rapides progrès et à n'être point, dès le début. tout à fait désorienté.

Qu'il s'agisse, du reste, de peinture ou de dessin, ou de tout ce que vous voudrez : aller graduellement, prudemment, a été et sera toujours le moyen d'aller sûrement. *Chi va piano, va sano,* est une devise plus vieille que vous et moi, mais non vieillie, et qui restera éternellement vraie.

Et ce n'est pas seulement une étude de ce genre qu'il faudra faire, mais dix, vingt. Quelque peu compliqué que vous semble un sujet, quelque simples qu'en soient les lignes, dites-vous bien que, pour un débutant, il présentera toujours des difficultés assez grandes qu'à toute force il faut arriver à aplanir : difficultés de *métier* que vous ne possédez point, de *couleur* dont vous ne connaissez pas encore l'emploi, et peut-être de *dessin*, si vous n'avez pas appris suffisamment à *crayonner*, et que ce soit trop prématurément que vous vous risquiez à peindre.

Prenez donc comme manière de faire celle qu'on vous a fait employer à l'école : apprenez votre alphabet avant d'essayer de lire, et sachez bien votre grammaire avant de commencer votre rhétorique.

Nous supposons donc que quelques bonnes études préalables ont déjà donné à ceux qui veulent bien parcourir ce petit volume une habileté relative; nous croyons qu'ils sont devenus à peu près maîtres de leur pinceau et capables de composer un ton juste et de le mettre à sa valeur, — en un mot qu'ils sont prêts à s'attaquer à des sujets un peu difficiles : c'est-à-dire au paysage.

CHAPITRE II

CE QUE NOUS ENTENDONS PAR PAYSAGE

Quelle variété de motifs partiels ou de motifs d'ensemble, que d'effets différents nous offre l'étude du *paysage*, surtout si l'on veut bien comprendre, sous

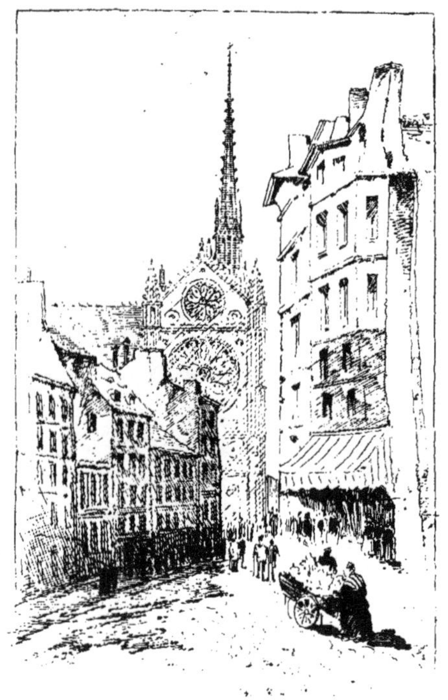

cette « rubrique, » aussi bien les vues prises à la campagne que celles faites à la ville ! A moins en effet de diviser les genres à l'infini, il est indispensable de faire rentrer dans le cadre de cette brochure aussi

bien la vue d'une rue de Paris que celle d'un sentier
perdu dans les Vaux de Cernay ; une cathédrale, entourée
de maisons, sera ici l'équivalent, dans notre *classification*, d'une modeste église de village, perdue dans la
verdure ou accotée à une chaumière.

Seules, les études de marines, proprement dites, et

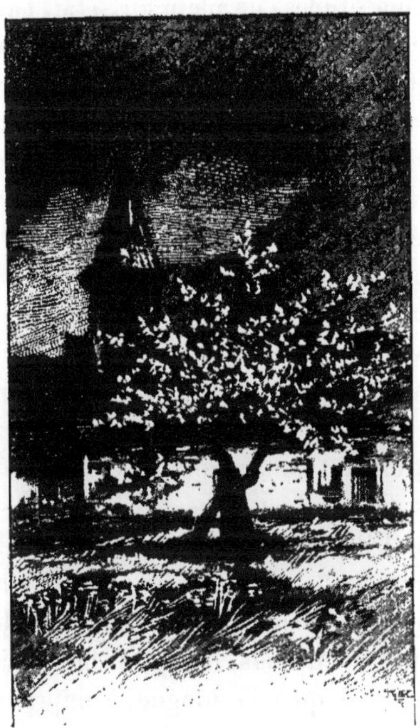

celles pouvant emprunter ce titre (l'eau et les bateaux
en faisant les motifs principaux) ont pris place dans le
volume précédent.

Nous serons donc forcé, dans le courant de celui-ci,
de renvoyer de temps à autre notre lecteur soit à *l'Art
de prendre un croquis*, soit à *l'Art de peindre les marines*,
pour éviter des redites fatigantes.

CHAPITRE III

FACILITÉ ET DIFFICULTÉS DES PAYSAGES

Le conseil que nous donnions de commencer par la *marine*, comme études, de plein air, était basé, avons-nous dit, sur l'avantage qu'on a de trouver, au bord de la mer, des motifs tout à la fois très simples, très larges, et aussi très accusés de tons et d'effets. Mais tout le monde ne peut aller à la mer, et il ne faudrait pas croire que les études premières ne peuvent se faire qu'autant qu'on a celle-ci devant soi et la plage ou la falaise derrière. Non, on apprend partout; partout on peut trouver des sujets *pour commençants*.

Tel qui ne pourra aller assez loin pour trouver un rocher frappé par la vague aura vite fait, *inter flumina camposque*, de rencontrer une chaumière, un tronc d'arbre se découpant sur un coin du ciel ou sur un bouquet d'arbres; l'étude bien consciencieuse en sera aussi profitable que l'étude d'une roche ou d'une falaise.

Ce qu'il faut rechercher *uniquement* au début, c'est, ainsi que nous le disions tout à l'heure, des motifs francs de tons et d'effets, simples de dessins. *Voir juste* ne s'apprend qu'à la longue, comprendre exactement, non seulement la valeur exacte, mais aussi la réelle couleur d'un ton, n'est point si aisé qu'on pourrait le croire; se retrouver dans toutes les variétés de gris et les poser justes sur son étude n'est pas commode, débrouiller la qualité d'un vert (*et il y en a pas mal d'espèces, dans le paysage*) sont choses qui demandent beaucoup de travail et un œil bien exercé.

Une preuve de ce que nous avançons : il n'y a que peu

d'années qu'on a trouvé et prouvé que les ombres por-
tées en plein soleil étaient, pour la plupart, franchement
violettes. On les avait vues grises auparavant ; il a donc
fallu qu'un artiste, doué d'une vision plus exacte que ses
prédécesseurs, ait osé rompre avec les conventions qui
avaient fait loi jusqu'alors, et que, fort de sa certitude,
il ait eu l'audace de faire ses ombres avec des rouges
et des bleus. Comme toute innovation, quelque justi-

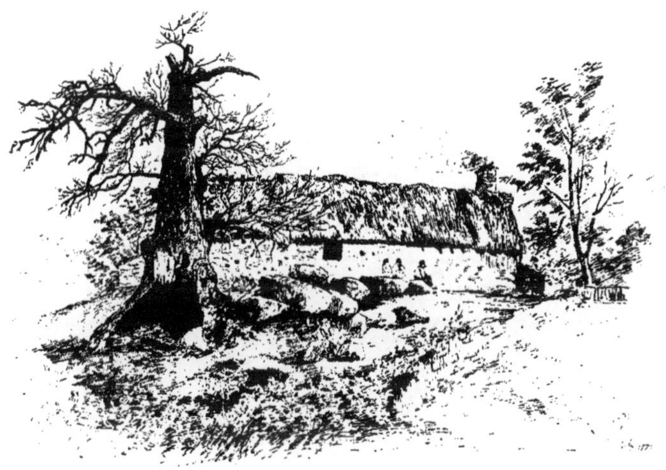

fiée et raisonnable qu'elle soit, celle-ci a fait crier, puis
on s'est calmé, et aujourd'hui personne ne songerait à
nier le violacé d'une ombre par un temps ensoleillé.

Comme en toutes choses nouvelles il y a eu exa-
gération : sous prétexte d'ombres violettes, d'aucuns
en fourrent partout, du violet, ce qui devient d'un effet
douteux et d'une justesse discutable. Et d'abord, une
ombre sur un terrain vert ne donnera pas le même
ton que l'ombre qui se découpera sur un terrain
jaune ; l'ombre que portera une cheminée sur un toit

rouge, ne sera point pareille à celle qu'elle étendra sur
un toit bleu, — enfin il n'en est point du violet comme du
galon : en mettre partout équivaut presque à n'en point
mettre du tout. En restant toujours sincère devant la
nature, en ne cherchant qu'à rendre bien exactement
ce que l'on voit, sans se préoccuper ou des conventions,
ou de la façon de voir de tel ou tel dont l'œuvre aura
séduit, en étant, en un mot, toujours consciencieux
dans ses recherches de tons et de valeurs, on est sûr

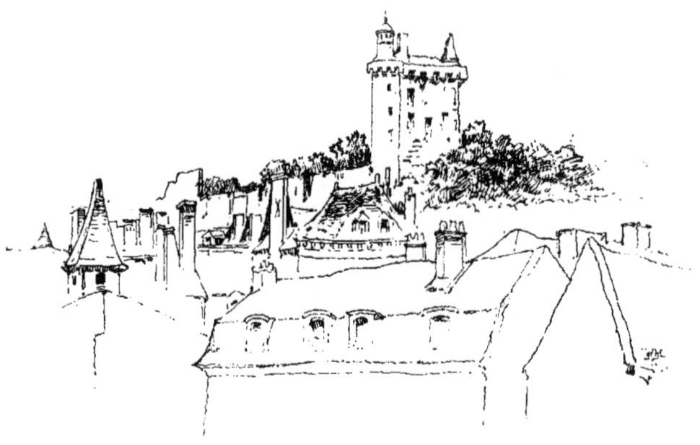

d'arriver à un résultat, louable tout au moins, quitte
plus tard à faire œuvre de maître. Mais ce n'est pas
du *premier coup* que vous verrez juste; il faudra que
votre œil s'habitue à apprécier et à démêler tous les
tons, tous les demi-tons, et qu'il s'exerce longtemps
avant que vous sachiez faire vibrer exactement les rouges
et les jaunes, les bleus et les verts.

Ces derniers et les gris jouent les grands rôles; les
uns chantent souvent à pleine voix, les autres se con-
tentant généralement de chanter en sourdine et de
servir d'accompagnateurs.

Vous ne vous attendez pas, n'est-ce pas, à vous y retrouver dès l'abord et à poser, du premier coup, chaque ton
à sa place, suivant le rôle qu'il joue et l'air qu'il chante?...

Dans le *paysage proprement dit*, c'est le vert, inutile
de le répéter, qui marche en tête; dans tous les genres,

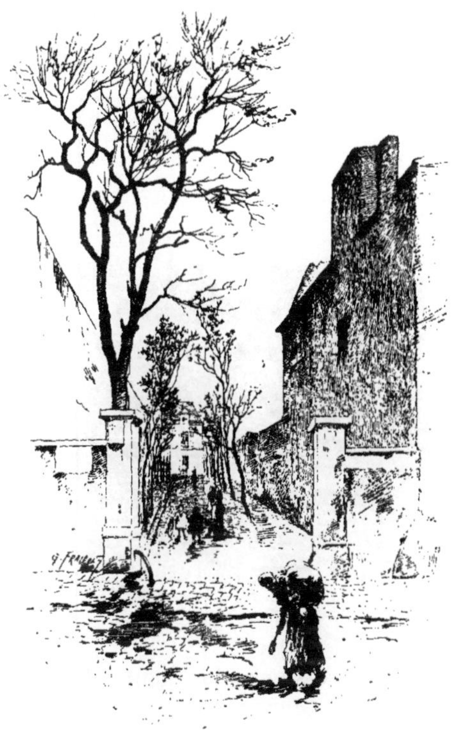

les gris, plus modestes, quoique indispensables, veillent
à la bonne tenue de chacun et ont à cœur, s'ils sont
bien guidés, de maintenir tous les autres au rang qu'ils
doivent occuper. Aussi préoccupez-vous-en toujours;
vous ne pourrez, en aucun cas, vous passer d'eux.

Il est différentes méthodes pour peindre à l'aquarelle :

Certains procèdent par *dessous*, c'est-à-dire qu'avant de
mettre *en couleurs* ils modèlent leur ensemble avec un
ton neutre (rentrant toujours dans la catégorie des *gris*),
puis ils peignent par-dessus en teintes plates. Nous ne
discuterons pas cette manière de faire, puisque certains
en tirent un excellent résultat; nous nous bornerons
ici à la signaler, d'autant plus qu'elle vient à point pour

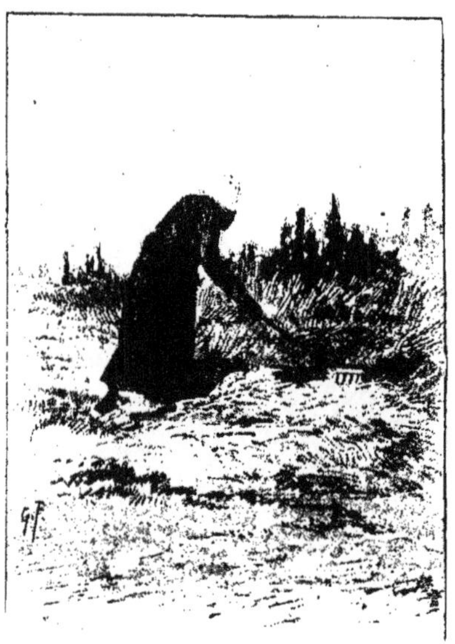

prouver ce que nous disions plus haut : l'importance
du gris.

Nous déconseillerons pourtant ce moyen au début,
car il pourrait présenter certains inconvénients à qui
ne serait pas très sûr de soi : par exemple, enlever la
fraîcheur dans certaines parties inconsidérément garnies de gris, alors qu'elles auraient dû être réservées ;
et puis, au point de vue de l'*étude*, pour apprendre *sa
palette*, il vaut mieux, dès l'abord, chercher le ton juste

du premier coup. Cela donnera un peu plus de mal,
dans certaines parties de l'œuvre, mais apprendra
davantage.

N'employez donc ce mode que rarement, lorsque
vous êtes pressé, par exemple, ou lorsque c'est comme
note ou document que vous prenez un motif où la
couleur n'est presque qu'accessoire et où les formes
surtout vous intéressent. Dans ce cas, dessinez soigneu-
sement votre sujet avec un ton uniforme, en camaïeu
d'un gris quelconque, placez bien toutes vos valeurs,

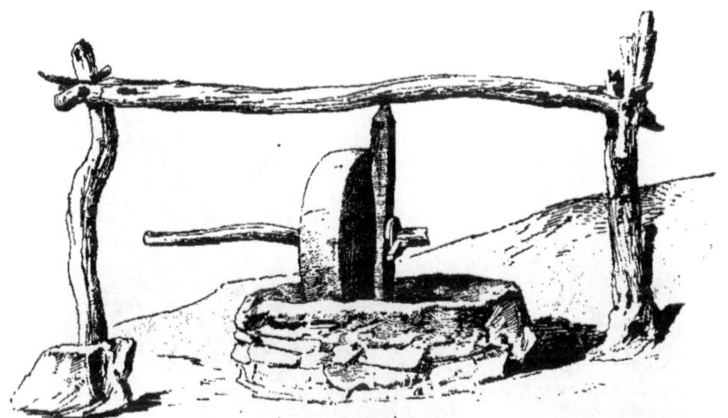

et, votre œuvre une fois préparée de cette manière,
appliquez-y des tons plats, légers, pour, au travers, laisser
transparaître votre dessin ; vous obtiendrez ainsi des
effets charmants. Il va sans dire que les « dessous »
doivent être secs avant l'application des teintes. Si vos
valeurs du dessous sont justes, l'ensemble, une fois les
couleurs mises, aura une tenue générale fort agréable
à voir ; aussi ne déconseillons-nous ce moyen qu'à ceux
qui veulent faire de la *vraie aquarelle* et devenir habiles
en ce genre, non à ceux qui voudront bien se contenter
d'un à peu près, que le susdit mode de procéder leur
donnera aisément.

CHAPITRE IV

DES ACCESSOIRES

Les accessoires sont les mêmes pour l'étude du paysage que pour l'étude de la *marine ;* pareilles sont

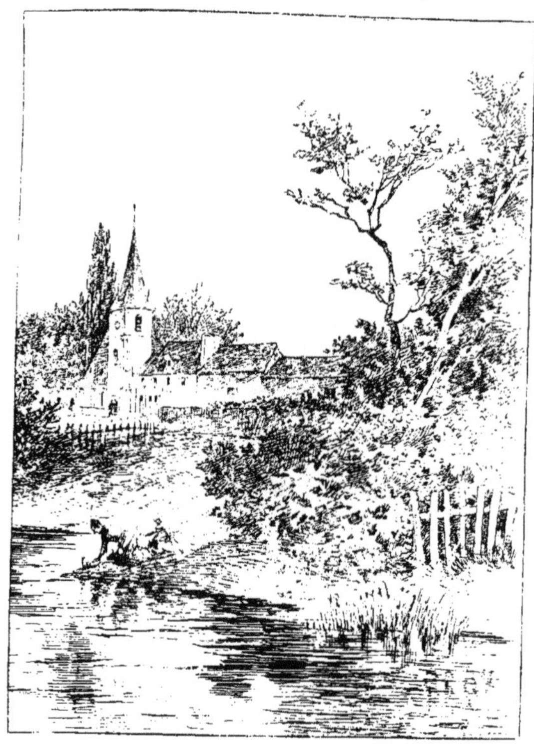

aussi les couleurs à employer. Nous renvoyons donc au volume *l'Art de peindre les marines* ceux qui voudraient avoir à ce sujet quelques renseignements, comme ceux qui désireraient s'éclairer quelque peu sur le rôle principal de chaque couleur, sur certains mélanges obtenus par la combinaison de plusieurs tons, etc., indications qu'il est utile de connaître en commençant, quitte à modifier par la suite son bagage et la manière de s'en servir.

DEUXIÈME PARTIE

CHAPITRE V
DES DIFFÉRENTS MOTIFS

§ 1.

Les fabriques.

Nous avons dit, en commençant, que, pour éviter une classification trop embrouillée, nous renfermerions sous le même titre général de *paysage* tout ce qui serait *vues extérieures* (autres que les marines) : vues de villes aussi bien que de hameaux, — les sujets d'ensemble tout comme les motifs de détails. Nous conseillons de commencer par ce qu'en terme de paysagistes on appelle *fabriques*, c'est-à-dire tout ce qui est *construction*, en briques ou en pierres, à toit de chaume ou de tuiles. C'est ici qu'on s'apercevra combien il est nécessaire de savoir exactement placer une verticale, une horizontale ou une oblique pour ne point faire de fautes de perspective, qui enlèveraient toute valeur à l'œuvre, fût-elle charmante de tons et exacte de valeurs. Pour établir vos lignes procédez donc comme nous vous l'avons conseillé précédemment (1), à moins que, perspecteur émérite, vous ayez votre manière personnelle de mettre chaque chose à son plan.

Se rappeler que la verticale d'une construction doit-être toujours bien d'aplomb : les ruines ou certaines masures ont beau pencher de droite ou de gauche et ne se tenir que par grâce du ciel ou prodiges d'équilibre, le principe en est néanmoins la verticale, tout comme, inver-

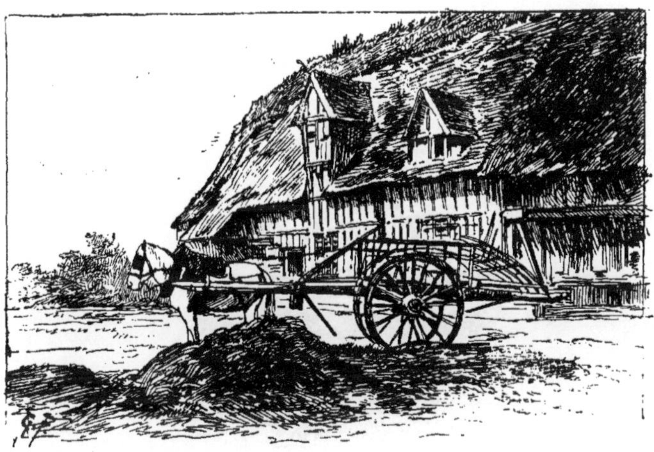

sement, une ligne d'eau doit être immuablement bien horizontale.

L'avantage de commencer de préférence par les *fabriques*, est d'y trouver des sujets souvent peu compliqués de tons et faciles à débrouiller en tant que couleurs, ce qui ne les empêchera point d'être très pittoresques et fort amusants à peindre. Quoi de plus charmant, pour un peintre, qu'un toit de chaume abritant une masure ? Soyez bien persuadé que les motifs

(1) Voir *l'Art de prendre un croquis*

les plus simples sont souvent les plus jolis; point n'est besoin d'avoir : des arbres, de l'eau, des maisons, des gens, pour qu'un sujet s'arrange; un rien peut souvent, en peinture, faire un tout... Cela dépend de la façon de voir et de mettre en page, puis de la manière plus ou moins spirituelle, plus ou moins amusante, dont on aura interprété son œuvre.

Nous avons. pour notre part, une préférence marquée

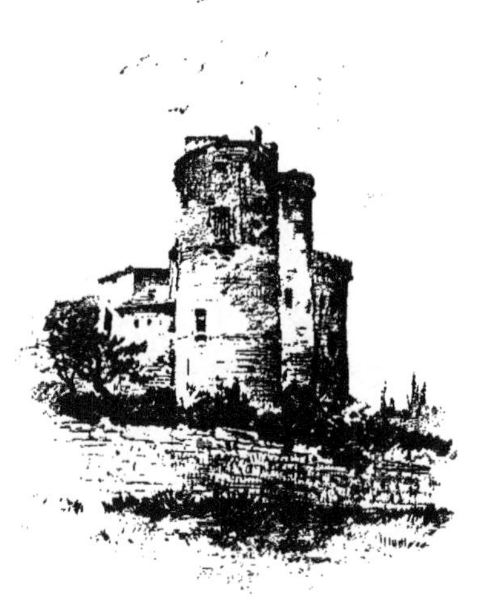

pour le chaume, mais, hélas! il devient bien difficile à trouver, maintenant ; aux environs de Paris, notamment, il se fait rare! Il avait pour les artistes un bien grand attrait, toujours joli de ton au soleil comme à l'ombre. la plupart du temps garni de mousses ou de parasites du plus pittoresque effet; il y avait là matière à sujets délicieux. Hélas! le toit d'ardoise, bien droit, bien ennuyeux à voir et fort vilain de couleur, la plupart du temps pointu, bête de forme, vient remplacer, avec

ses lignes raides, les courbes imprévues souvent si amu-
santes que nous donnait le chaume. On nous avait dit
pourtant, qu'aux agréments qu'il procurait aux peintres
il joignait une foule de qualités pour ceux qui étaient
dessous : très chaud en hiver, très frais en été !... Eh

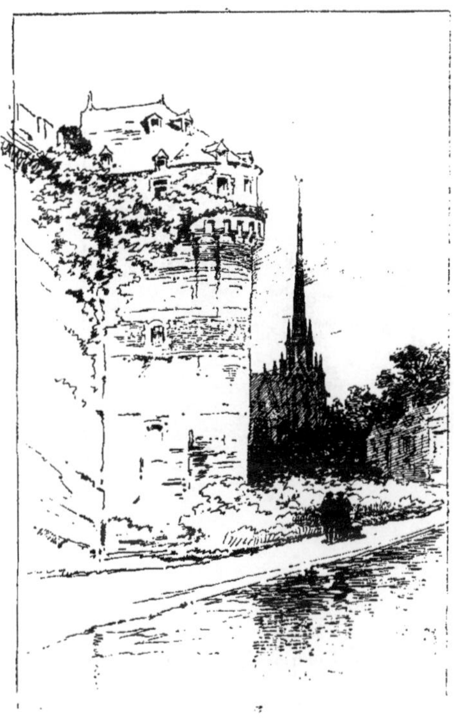

bien, alors ?... Ah, voilà ! il paraît que ça brûle vite, le
chaume, que c'est dangereux comme tout ! Avec ça que
les plâtras et les boiseries vermoulues qui sont la base
des constructions campagnardes sont incombustibles !

Dépêchez-vous de profiter des derniers toits rus-
tiques qui restent aux environs de la capitale, car

d'ici peu il vous faudra aller en Normandie ou en Bretagne, tout au moins vous éloigner pas mal, si vous désirez en apercevoir quelques-uns.

Les couleurs qui entrent principalement dans ce genre d'études sont :

Pour les chaumes, la sépia, la terre de Sienne, une

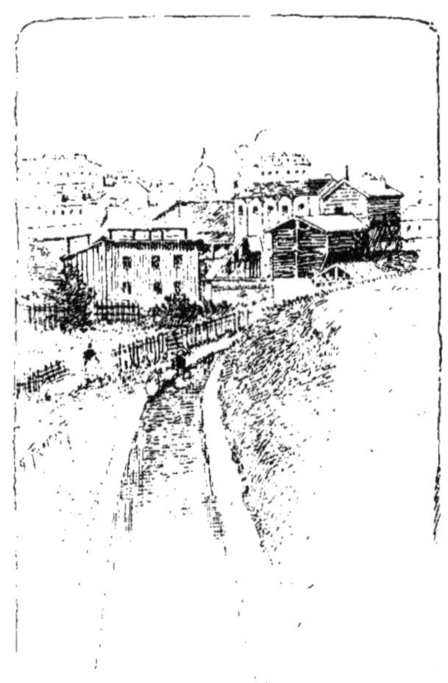

pointe de noir dans les parties foncées, quelquefois un peu d'outremer ; l'ocre viendra s'adjoindre pour des parties plus en lumière ou plus neuves, enfin les mousses, les herbes, piqueront par places leur note verte ou rousse. Le vert olive, plus ou moins atténué de bleu, et la terre de Sienne vous donneront les tons voulus. C'est souvent très varié de couleurs, le toit de chaume, et vous aurez à exercer votre œil et votre main pour en rendre l'effet, sans surcharge de détails qui l'alourdi-

raient. Du reste, nous ne saurions assez le répéter, trop
de détails nuisent à l'effet général ; pour n'avoir point
la tentation d'en surcharger votre œuvre, faites en sorte
de ne pas les voir ou tout au moins de les noyer les uns
dans les autres, ce qui vous sera facile en clignant les
yeux : ce moyen mécanique estompera le tout et vous
fera voir surtout l'ensemble.

Les murs des chaumières sont généralement en plâtre,

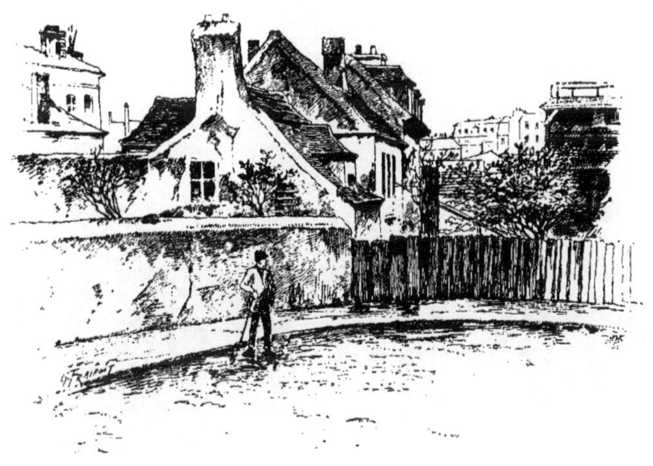

en chaux, se colorant de tons gris, jaunes, roux ou
verdâtres, suivant la situation, suivant les intempéries de
saison. A vous de trouver, en vous servant, très délayées,
des couleurs ocre, terre de Sienne, noir d'ivoire, le ton
juste. Forcez en ocre jaune pour les parties très en
lumière ; rappelez-vous qu'un grand peintre, un aqua-
relliste hors de pair, Harpignies, dont vous ferez bien,
entre nous, de ne point vous lasser d'étudier les œuvres,
a dit : « L'ocre, c'est la lumière !... » Concluez, vous-
même.

Si la construction dont vous vous efforcez de peindre

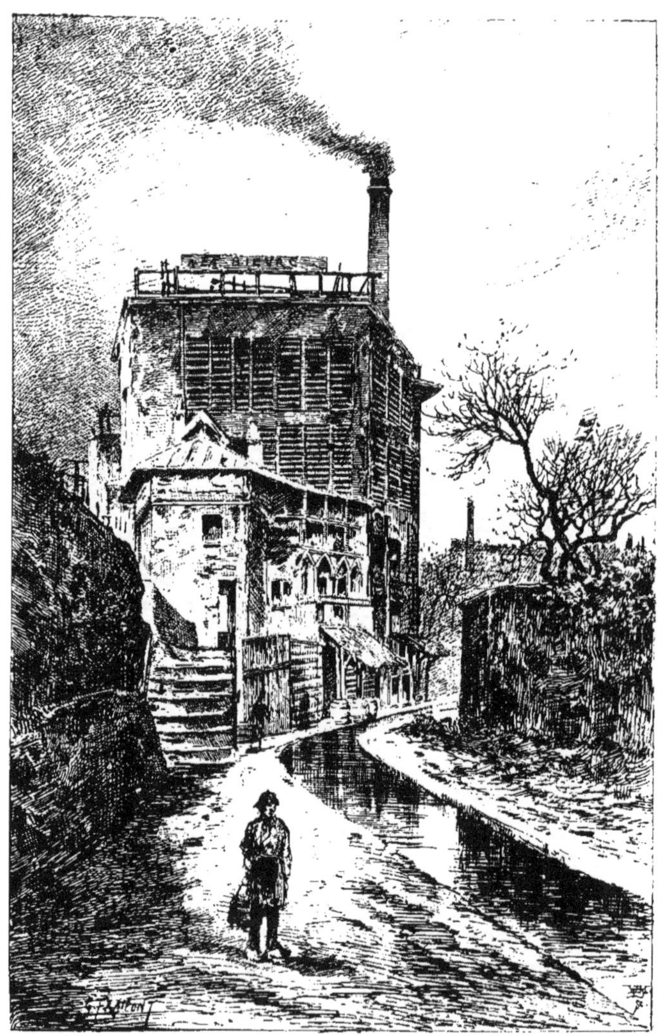

l'image est en briques, c'est le vermillon, un peu d'ocre jaune (quelquefois de jaune indien), et pas mal de terre

de Sienne qui vous serviront ; l'outremer vous sera utile
par places pour les parties vieillies, salies. Le toit
rouge se rendra par le mélange des mêmes tons à peu
près, en forçant l'une ou l'autre des couleurs, suivant
qu'il se trouvera à l'ombre ou en plein soleil, qu'il
sera vieux ou neuf, par conséquent vif de ton ou de
couleurs éteintes.

Nos maisons, à nous citadins, et nos monuments sont
généralement en pierres : là encore la sépia, l'ocre jaune,
un peu de noir, le tout bien délayé (toujours beaucoup
d'eau, n'est-ce pas ? c'est entendu) vous feront arriver au
ton juste. Des gris froids ou violacés, suivant qu'il fera
temps couvert ou beau soleil, vous serviront pour les
parties d'ombre.

Les fumées qui donnent aux habitations un air vivant,
animé, qui feront sentir à qui verra votre œuvre que, si
l'habitant ne se voit pas, il existe, empruntent des couleurs variant dans les gammes brunes, grises, bleutées.
Vous savez comment on obtient ces teintes-là ; la façon
de les traiter s'indique toute seule. C'est léger, la
fumée... peignez-la donc légèrement, et faites en sorte
que, vers le haut et vers les bords, elle arrive à se
confondre avec le ciel, si c'est sur un ciel qu'elle se
déroule, ou avec votre fond, si c'est sur celui-ci qu'elle
se détache. Plus une chose est *flou* : fumée, nuages,
brumes, plus il faut la traiter en transparence, réservant
vos tons solides pour les parties solides : roches, constructions, terrains, etc.

§ 2.

Les ciels.

Très variés, très changeants, par conséquent tres difficiles à obtenir exacts de couleur pour qu'ils fassent valoir tout le reste de votre étude, justes de valeur pour qu'ils ne l'écrasent pas... voilà ce qu'ils doivent être.

Les bleus, les gris, les roses, les jaunes clairs, en

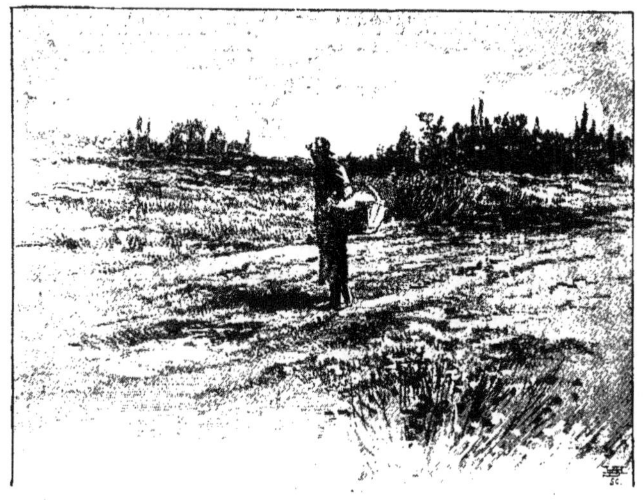

sont les couleurs prédominantes. Nous en avons parlé ailleurs (1), tout en indiquant la manière de s'y prendre pour les obtenir; nous fermons donc ici notre paragraphe.

Voilà pour les tons; quant au dessin d'un ciel nuageux, n'oublions pas que, comme tout le reste, le ciel a sa perspective immuable : plus les flocons de nuages s'éloi-

____

(1) *L'Art de peindre les marines.*

gneront, plus ils épouseront la forme horizontale, pour arriver, en touchant l'horizon, à confondre leurs lignes.

§ 3.

L'eau.

L'eau est, en bien des cas, un des agréments du paysage, elle l'anime, elle l'égaye et donne des effets tout particuliers. Que de peintres ont été séduits par les bords d'une rivière ! Combien passent leur temps au bord de la Marne ou de l'Oise ! Que d'études ravissantes,

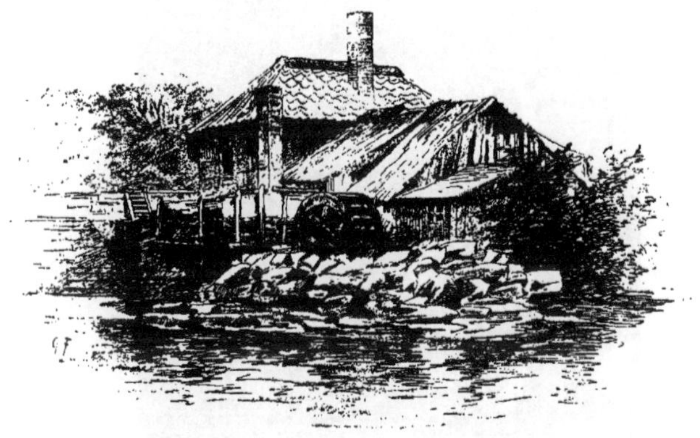

que de tableaux superbes ayant eu pour prétexte d'aimables petits cours d'eau, comme l'Yvette ou la Bièvre, pour ne parler que de ceux qui coulent tout près de nous.

Les bords de l'eau donnent toujours naissance à de charmants motifs, plus difficiles à traiter, peut-être ; mais si vous avez été assez aimable pour nous suivre dès le début, vous devez être, actuellement, sorti à votre honneur des premières difficultés et vous pouvez essayer de faire *de plus fort en plus fort !*....

Le bord de rivière vous séduira très certainement; en été surtout, vous y serez au frais, bien tranquille, et, tout en peignant, vous y pourrez rêver à l'aise. N'y restez pas trop tard, pourtant, car les brouillards sont à redouter et les rhumatismes des agréments à fuir; là surtout, munis-

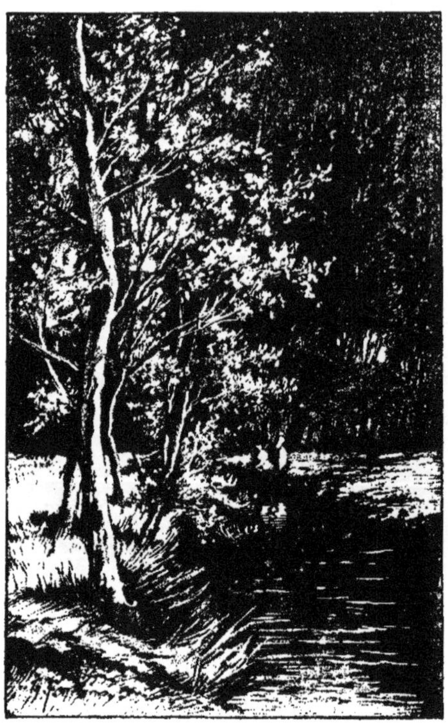

sez-vous de vêtements chauds, chemise de flanelle, etc. Ne les oubliez pas quand vous voudrez peindre certains effets d'une poésie exquise, mais que vous ne trouverez guère que le matin, alors que la brume enveloppe encore le paysage, effets que Corot affectionnait particulière-ment et savait rendre de façon si émotionnante !

Toujours jolie, l'eau est aussi fort capricieuse : à certaines heures et par certains temps, elle vous reflétera très exactement tout ce qui l'environnera ; à d'autres moments elle se contentera d'un demi-reflet. D'autres fois, point de reflet du tout ; sa fantaisie l'amènera à reproduire violemment les parties foncées alors qu'elle negligera presque entièrement les claires ; elle ne se

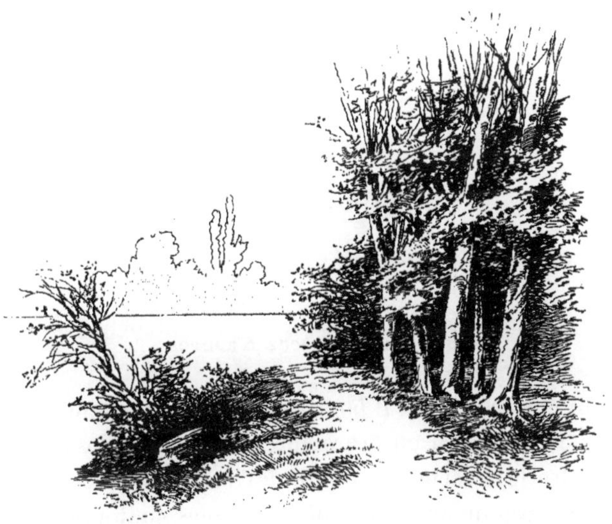

gênera pas pour faire le contraire, si bon lui semble. Ces différents effets ont le soleil pour complice : plus il frappe l'eau obliquement, plus les reflets sont prononcés ; plus nous nous rapprocherons de la perpendiculaire, et plus ils se raccourcissent, pour disparaître complètement lorsqu'il frappe d'aplomb. C'est du reste le moment de la journée où il n'est guère agréable de peindre, où les effets (nous entendons par un temps ensoleillé) sont d'un monotone achevé et où, à de rares exceptions près, il vaut mieux faire sa sieste d'abord et son étude ensuite. Après trois heures, la nature recommence à donner des effets plus variés : en route pour le motif!

Il serait malaisé de dire quelles sont les couleurs qui servent le plus pour peindre l'eau, puisque celle-ci n'ayant pas de couleur à elle, en profite pour emprunter celles des autres... Les couleurs que vous aurez employées pour l'entourage vous serviront donc, en majeure partie, pour peindre l'eau (1).

CHAPITRE VI

FEUILLAGES, BOIS.

§ 1.

De quelques espèces d'arbres.

Pour être paysagiste il faut (ceci n'est point commode) savoir bien peindre un arbre après l'avoir bien dessiné ; en rendre le caractère, en faire deviner l'essence.

Il n'est pas un arbre qui ait les mêmes contours que son voisin : un chêne est tout différent d'un autre chêne, et pourtant tous les arbres d'une même espèce ont un type bien accusé. Quelles que soient les formes singulières, biscornues, qu'aient prises les branches, quelque rugueux, tordu que soit le tronc, la race se distingue toujours ; la forme varie, le caractère jamais. Il vous faut donc chercher en quoi il réside ; ce n'est point seulement dans le détail, c'est aussi dans l'ensemble.

(1) Voir *l'Art de peindre les marines*.

Autrefois, on s'attachait à étudier la forme exacte des
feuilles, et les paysagistes d'une autre époque cher-
chaient à les rendre presque une à une ; d'aucuns
étaient arrivés à un degré de perfection (et de patience)

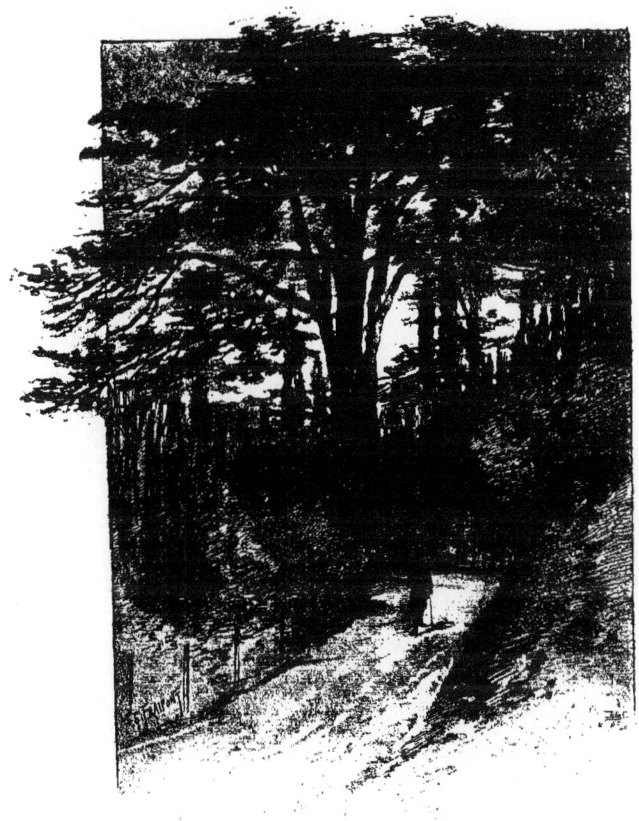

inouï. Autres temps, autres mœurs; autrefois le détail,
aujourd'hui l'ensemble. Sans vouloir discuter en rien
le talent incontestable de nos pères, qui ont produit les
chefs-d'œuvre dont nos musées s'enorgueillissent, nous

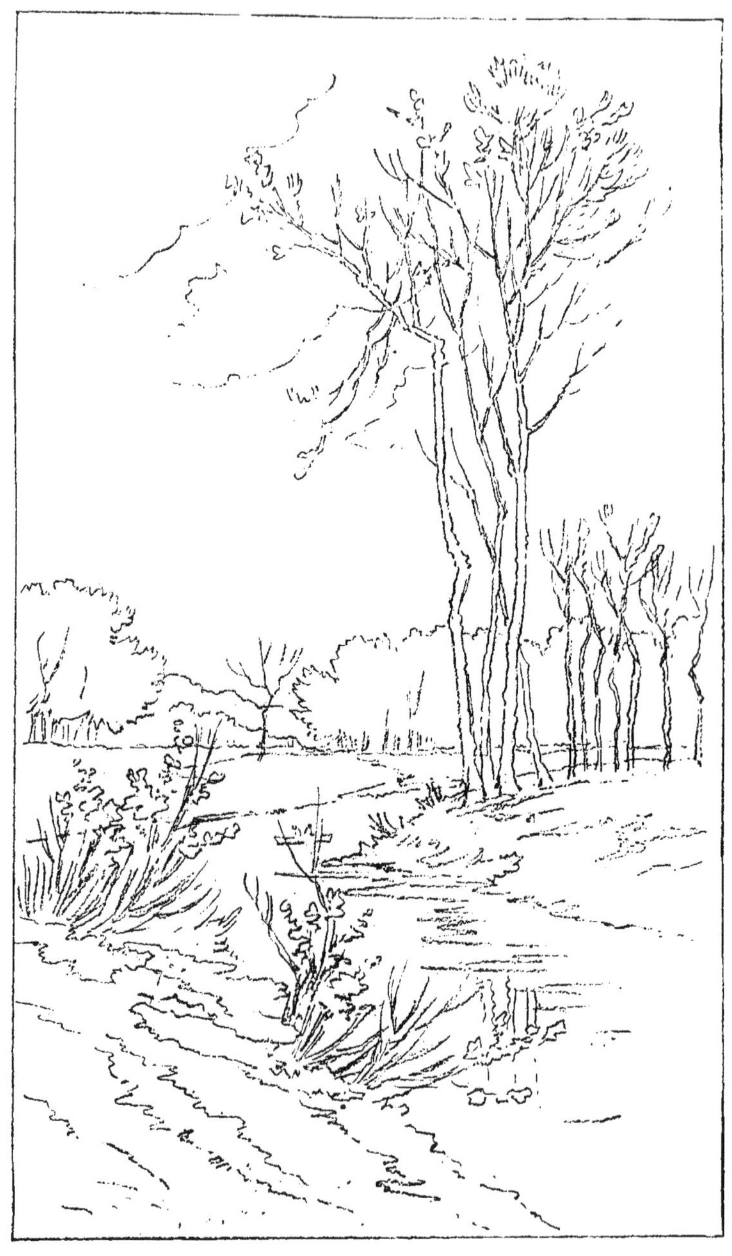

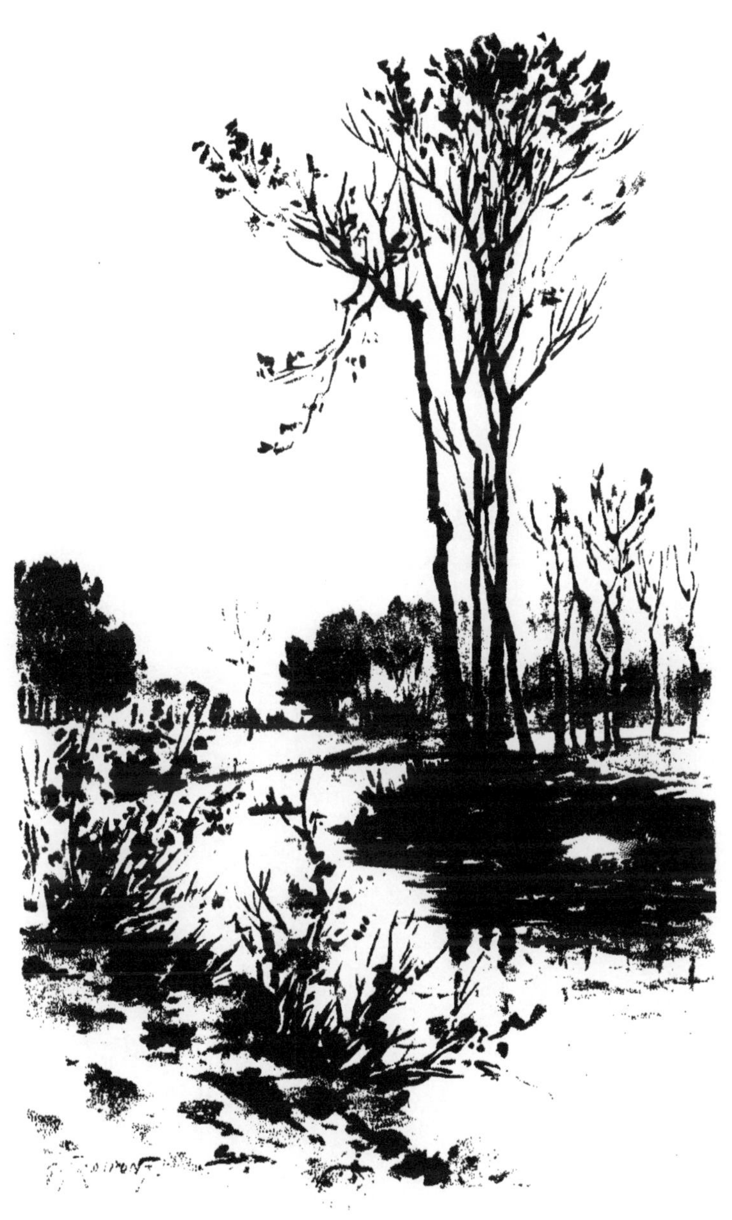

croyons être à notre époque plus près de la vérité. Lorsque

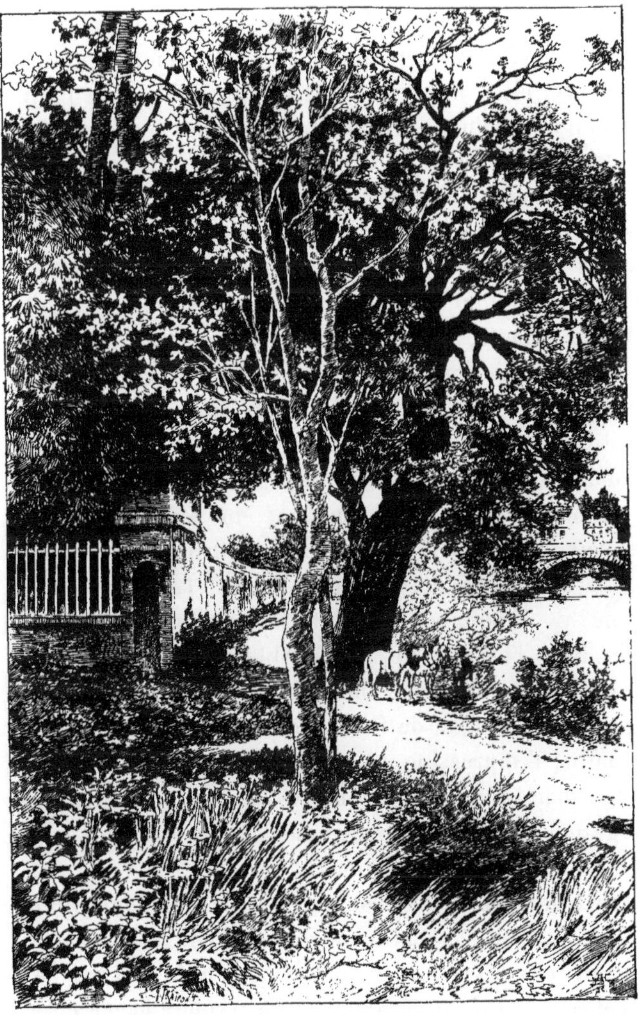

vous regardez un arbre, que percevez-vous, en effet?
Sont-ce les feuilles une à une, ou bien l'ensemble de

ces feuilles? Les silhouettes des masses ne vous frappent-elles pas plus que les détails qui composent chacune de ces masses? Or la peinture étant le rendu (avec une interprétation personnelle) de ce que nous montre la nature, c'est, nous semble-t-il, l'ensemble d'un motif qu'il faut chercher à rendre plutôt que les détails qui le composent : c'est le *minimum visible*.

Est-ce à dire qu'il faille se contenter d'un à plat pour les ombres et d'un à plat pour les lumières? Non pas. Vous devez faire sentir la forme de la feuille par places et même l'indiquer, mais discrètement. C'est là le point difficile : mettre juste ce qu'il faut pour que le détail fasse valoir l'ensemble au lieu de lui nuire, savoir, avec cela, poser l'effet, sont toutes choses qu'on acquiert à la condition de travailler sincèrement et beaucoup. Voyez les œuvres remarquables des paysagistes de notre temps : n'ont-elles pas éveillé en vous une émotion vraie? N'avez-vous point éprouvé, en les regardant, des impressions que vous aviez ressenties devant la nature elle-même? Ce ne sont point les détails que vous recherchez, mais bien l'effet juste, l'ensemble parfait, qui vous donnent l'illusion d'une chose réelle. Il vous suffira de regarder un tableau de Corot pour savoir qu'il peignait le matin ; l'impression en est si vraie, la poésie matinale si bien rendue, que vous ressentez devant l'œuvre du grand artiste, les sensations qu'il éprouvait lui-même devant la nature.

Ainsi que nous le disions plus haut, ce n'est donc point par le détail de la feuille qu'on reconnaîtra la nature d'un arbre, mais par « les masses du feuillé » et par la tournure générale du branchage ; là résidera la caractéristique de chaque espèce. Certaines essences indiqueront surtout la force, la vigueur: telles le chêne, le

hêtre, le châtaignier, dont les branches épaisses, vigou-
reuses, mouvementées, les masses de feuillage toujours
épaisses, les troncs rugueux de carrure majestueuse,
les racines, à moitié sorties du sol, souvent tourmentées
comme les branches, bosselant le terrain, accusant si
nerveusement leurs formes qu'on dirait des veines énor-

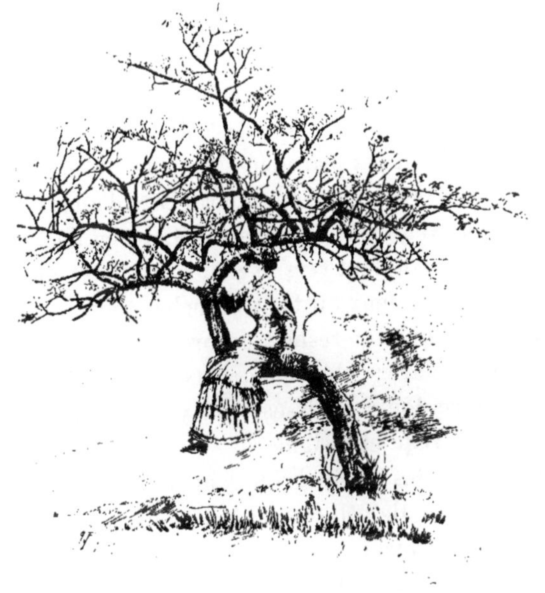

mes, vous font sentir que, si l'arbre est gigantesque, les
bases en sont solides.

D'autres espèces : le bouleau, le tremble, se préoccu-
pent surtout d'être gracieux, légers, pimpants; leurs
branches sont fines, leur écorce unie, leur feuillage ténu.

Le pommier, lui, contourne capricieusement ses
branches : d'un côté, les tordant, les lançant, d'un autre,
droit comme des flèches, visant à droite, à gauche, en
tous sens, s'habillant coquettement de blanc rosé au

printemps, « poudré à frimas, » disait Théophile Gautier, tout en laissant voir ses formes, les masquant en été par une masse de feuillage d'un beau vert. Parmi ses congénères, le pommier est un des plus intéressants à dessiner, des plus charmants à peindre.

Nous ne voulons pas ici (nous ne le saurions du reste), faire un cours d'arboriculture ou passer en revue toutes les espèces ; nous citons celles particulièrement aimées des peintres, soit pour leur forme imposante, leur aspect gracieux ou leur tournure fantastique ou bizarre. Le saule, par exemple, s'ingénie à donner à son tronc des aspects singuliers, baroques ; rien de drôle comme un alignement de saules dépouillés au bord d'une rivière : on dirait d'un régiment de monstres. Celui-ci décharné, courbé, bossu, pointant vers le ciel, comme des cheveux gigantesques, les deux ou trois branches toutes droites, toutes raides, qui lui restent encore, ressemble à un vieux martyr effaré ; celui-là, furieux, rageur, tragique, a la chevelure toute hérissée, son voisin tout chauve prend un air triste et résigné.

D'aucuns ont les profils grimaçants de vieux édentés ; d'autres ont l'air de bêtes apocalyptiques, presque tous ont le ventre ouvert !

A qui aime le fantastique, nous conseillons ce genre d'études ; au clair de lune, avec le reflet dans l'eau, c'est parfait !

Quand nous aurons cité encore l'orme, le platane, le peuplier (celui-ci surtout dans le lointain), nous aurons, croyons-nous, signalé les arbres principaux.

Certaines espèces sont dédaignées des artistes, non par caprice, mais parce que vraiment leur forme est si peu décorative, leur aspect si banal, qu'on cherche à les faire sortir d'un ensemble plutôt qu'à les y faire entrer... à

moins qu'ils ne se trouvent à une distance telle que leur
silhouette imbécile se perde dans l'ensemble.

Ceux-ci, évitez-les. Le marronnier, par exemple, avec
son tronc tout droit supportant la masse du feuillage
toute ronde, serait vraiment trop niais en premier plan.
Si avec cela il est en pleine floraison, il devient ridicule
à peindre : ses fleurs toutes droites, presque à égales
distances les unes des autres, la flamberge en l'air, lui

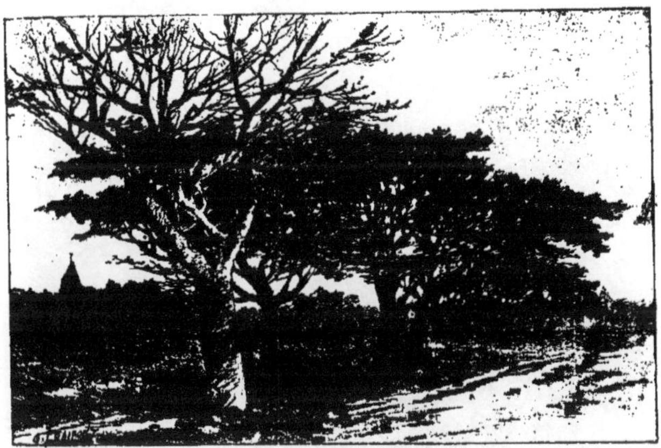

donnent à s'y méprendre l'aspect d'un lustre de mauvais
goût garni de chandelles.

Pourtant (soyons juste), prises individuellement, les
branches du marronnier sont jolies à dessiner, on en
peut tirer d'excellents motifs de décoration; mais ceci
rentre dans un autre genre de sujet que nous avons
développé ailleurs (1). Continuons donc ce qui nous
reste à dire au sujet de quelques arbres.

Les pins et les sapins ne font guère, eux non plus,
bien merveilleuse figure au milieu d'un paysage, j'entends
d'un paysage fait aux environs de Paris; ils détonnent

(1) *L'Art de peindre les fleurs.*

et paraissent tout désorientés de se trouver côte à côte
avec des chênes ou des peupliers, des bouleaux ou des
hêtres. Le pin ou le sapin n'est bien que dans le cadre
qui lui convient, entouré de montagnes ou perché sur
le bord d'un torrent, en Auvergne ou en Suisse; là

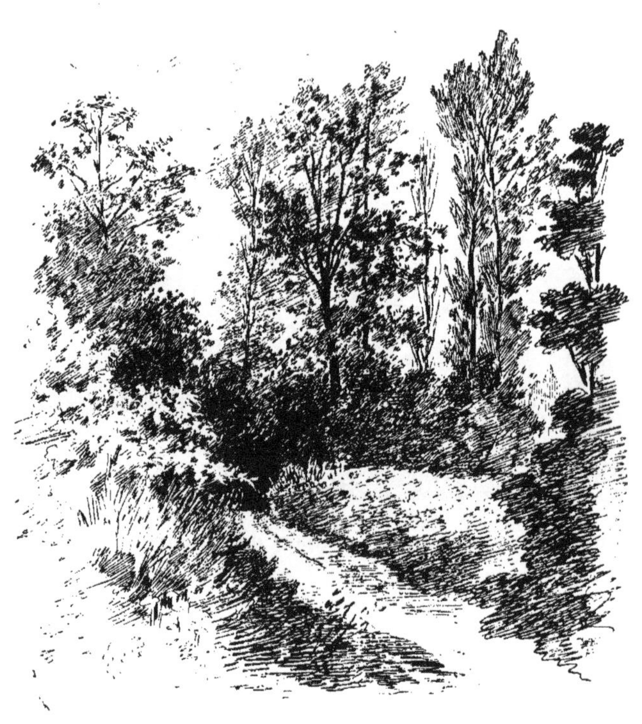

alors, il reprend tout son caractère. Son aspect sauvage
et triste, sa couleur sombre n'en font que mieux valoir
l'effet grandiose des montagnes qui l'entourent ou des
précipices qu'il surplombe.

Ce genre de paysage n'est pas celui que nous préférons,
à beaucoup près : peindre des montagnes ne nous a jamais

beaucoup tenté ; mais enfin, il faut que chacun trouve des
sites à son goût. Si nous faisions tous la même chose,
si nous affectionnions tous les mêmes coins et recher-
chions les mêmes effets, la peinture de paysage brillerait
peu par sa variété.

Suivant son caractère et le genre d'impressions qu'on
cherche à éprouver et à rendre, suivant son tempérament
aussi, on peindra des sujets imposants ou gracieux, des
arbres gigantesques ou élégants ; une belle marine vaut
un bon paysage, une modeste chaumière couverte de
vigne vierge ou de clématite est attrayante à voir au
même titre qu'un antique donjon rongé par le lierre.
Tout est bon à faire comme études, tout est beau à
peindre... le tout est de « bien peindre ! »

§ 2.

Études d'arbres.

L'arbre étant, nous l'avons dit, d'une grande difficulté
de rendu, et comme dessin et comme couleur, il faudrait
en faire, pour commencer, de bonnes études partielles,
procédant en ceci comme pour tout le reste : en
allant graduellement. Étudiez-le donc par fragments ;
faites une bonne étude d'un tronc, tâchez d'en trouver
la couleur juste et d'en rendre l'aspect rugueux ou lisse ;
faites en sorte qu'il soit bien en place sur le sol, qu'on
sente qu'il s'y enfonce. Étudiez après cela la construction des branches, donnez-leur bien leur forme droite
ou contournée, qu'elles s'emmanchent bien les unes dans
les autres ; quand vous aurez fait quelques pochades
bien sincères, essayez-vous à un arbre complet.

Commencez, de préférence, par des arbres sans feuilles,

vous en verrez mieux la structure; après avoir bien dessiné le tronc, bien mis en place les branches mères, dessinez celles qui s'y rattachent en suivant la progression. Plus les branches deviendront minces, moins il faudra, naturellement, les détailler; plus vous vous rapprochez du corps de l'arbre, et plus les vigueurs peuvent être accusées. Plus elles s'en éloignent, et plus

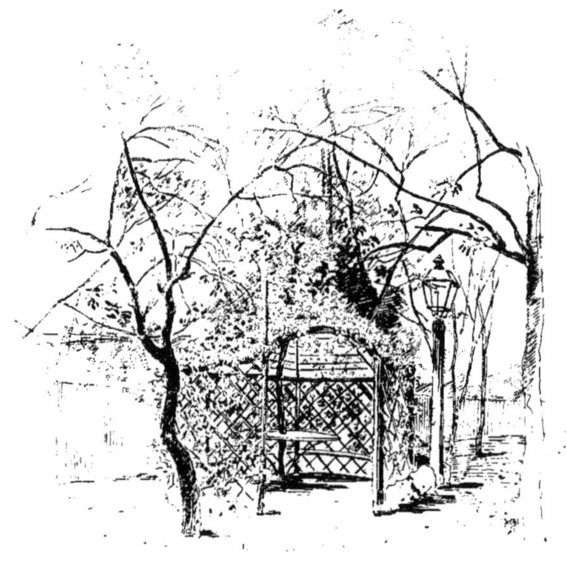

il faut qu'elles soient légèrement faites; celles se détachant sur le ciel deviendront plus grises, plus estompées. En clignant des yeux, comme nous vous l'avons conseillé déjà, vous apercevrez les silhouettes d'ensemble qu'il faut indiquer, et vous vous masquerez à vous-même les détails à éviter. Ce qui est à redouter, c'est la sécheresse, l'aspect de *découpé*, que prendra votre étude, si vous ne vous êtes pas assez préoccupé des ensembles, car quelque compliquée que soit une carcasse d'arbre mort ou défeuillé, quelque nombreuses qu'en soient les branches, c'est toujours par masses qu'elles se groupent, et par masses qu'il faut les rendre.

Lorsque, par endroits, on indiquera des accents sur les branches, avoir soin de les faire suivant la perspective de ces branches.

Quand vous connaîtrez bien l'*anatomie* d'un arbre, il

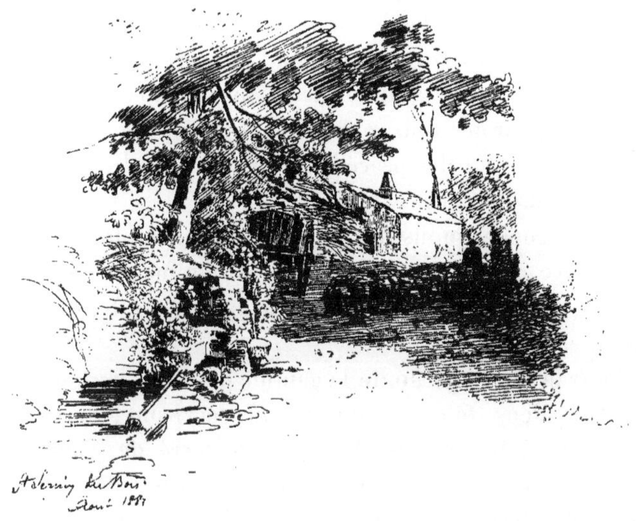

vous sera plus facile d'en dessiner l'ensemble lorsque celui-ci se sera couvert de feuillage; mais adoptez toujours la même marche à suivre : faites quelques croquis partiels de branches vues de près pour en bien comprendre les attaches et les formes, puis habituez-vous à poser votre feuillage par masse de clairs et d'ombres et ne vous attaquez à l'ensemble que lorsque vous aurez fait quelques bonnes études préalables.

Il en est des branches dénudées comme de celles garnies de feuillage; plus elles s'éloignent du tronc, plus elles perdent de leur intensité de ton, moins aussi, à vrai dire, elles sont garnies de feuilles.

Le feuillage, qui se détachera sur le ciel, empruntera toujours un peu du ton de celui-ci et y noiera légèrement ses contours. On obtiendrait l'effet d'un enlevage à l'emporte-pièce si on les indiquait brutalement.

Il nous reste à dire quelques mots des couleurs qui entrent, en majeure partie, dans les études d'arbres.

Pour les troncs, les branches, ce sont les *sépias, terre de Sienne, noir, ocre jaune*, qui sont les bases. La première entre, pour la plus grande part, dans les tons bruns, la seconde pour les tons roux, le noir pour atténuer ou griser la vigueur des précédentes, l'ocre pour les parties claires, ensoleillées.

Les branches moussues nécessiteront l'emploi ou du vert olive ou des verts composés, la gamme des jaunes et des bleus, suivant le plus ou moins d'intensité à obtenir.

Pour le feuillage, toute la gamme des verts y passera, tous les bleus, tous les jaunes, vous serviront ; vous les couperez d'une pointe de sépia, de terre de Sienne, quelquefois de noir, suivant qu'ils seront d'un ton local plus terne ou se trouveront moins en lumière, ou de vermillon pour les neutraliser.

Ne vous y trompez pas, la symphonie des verts est la plus difficile à jouer ; c'est celle qui demande le plus d'études, pour laquelle il est le plus urgent de s'exercer l'œil. Il en est de tant de qualités : des verts jaunes, des verts bleus, des verts gris, on s'y perd. Joignez à cela les jeux de lumière qui les changent encore, les tons avoisinant qui les modifient, et vous verrez que nous n'exagérions pas lorsqu'en commençant nous avons écrit le mot : difficile.

Les tons dorés, roux, que prennent à l'automne les
arbres avant de se dépouiller de leurs feuilles, sont composés surtout de : terre de Sienne, d'ocre, de sépia,
le tout modifiable par des couleurs atténuatives dans

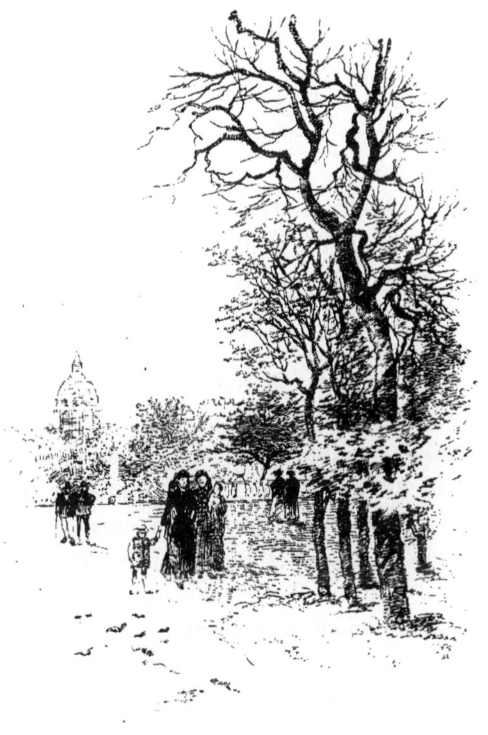

certaines parties. Les effets d'automne sont des plus intéressants à peindre et conviennent merveilleusement
pour l'aquarelle : on dirait qu'ils ont été inventés exprès
pour elle.

§ 3.

Sous-bois, forêts, etc.

Si les arbres sont difficiles à rendre aussi bien à l'aquarelle qu'au pastel ou qu'en peinture à l'huile, les sous-bois, les vues de forêts le sont, c'est évident, bien plus encore, puisque les uns et les autres ne comportent qu'arbres de toutes essences et de toutes tailles : des petits et des grands, des droits et des tortillés. Les verts y jouent toutes leurs symphonies ; tous les tons, les demi-tons, les quarts de tons y chantent leurs notes ; joignez à cela que la lumière y est diffuse par endroits, éclatante ailleurs, que certaines parties sont absolument dans l'ombre, d'autres dans le clair-obscur, effets, tonalités bien difficiles à rendre et d'un dessin très compliqué.

Pour procéder méthodiquement, en commençant toujours par le moins difficile, il vaut mieux au début choisir en forêt des effets de soleil : ceux-ci sont plus francs de ton et plus nettement écrits. En sous-bois au contraire nous préférerions commencer par des effets gris d'une tonalité générale moins compliquée ; les oppositions sont du reste, la plupart du temps, très accusées ; les lumières projetées par des trouées dans les arbres prennent d'autant plus d'intensité qu'elles sont entourées d'ombres.

Ceci n'empêche pas que ce genre d'études est de beaucoup le moins aisé à exécuter ; car aux difficultés de *métier* s'adjoignent les difficultés *matérielles*. Des arbres, des renflements de terrain, des rochers viennent se poser en premier plan et coupent ou cachent le motif qu'on veut peindre ; force vous est de leur

laisser la place et de passer devant ce qui, souvent,
contrarie l'ensemble qui vous avait séduit tout d'abord.

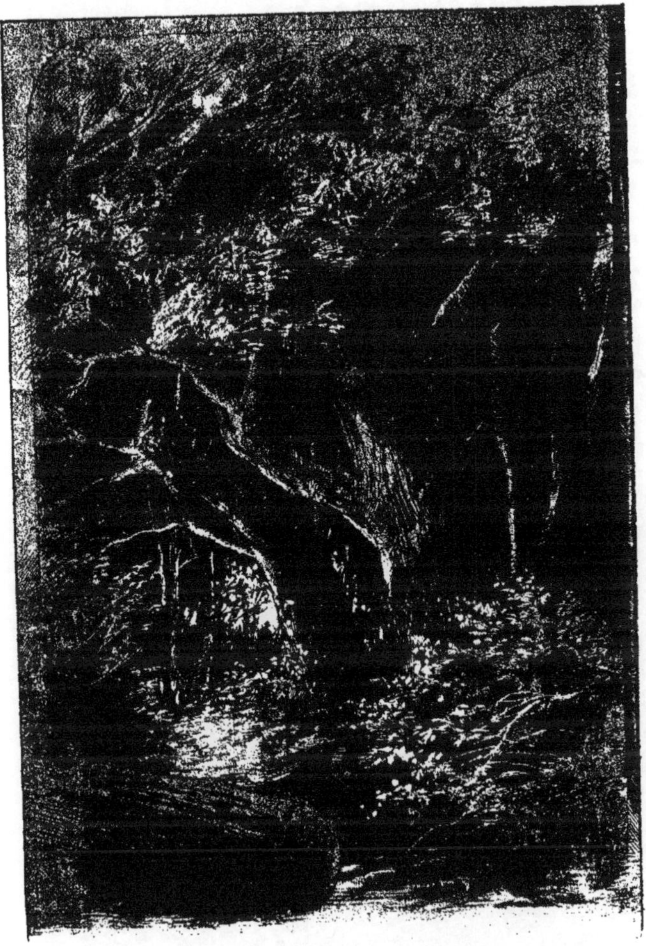

Puis vous avez le manque de lumière, chose commune
sous; bois comme agréments, c'est complet!

En forêt, mêmes inconvénients, au point de vue ma-

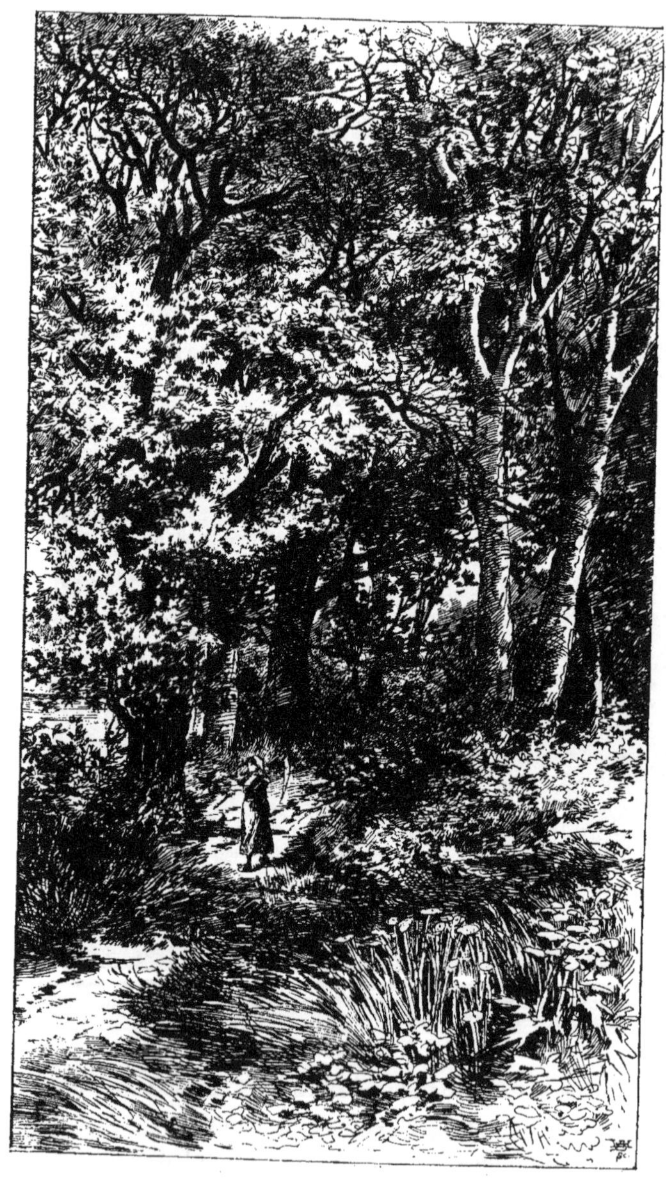

tériel, mais peut-être un peu moins de difficultés de métier. Les arbres des forêts sont en effet d'un dessin plus accusé; se présentant davantage par grandes masses, ils offrent moins de complications, moins d'enchevêtrements menus, moins de détails, parmi lesquels vous risquiez de vous perdre. Néanmoins ces deux genres de paysage sont extrêmement ardus. Nous engageons nos lecteurs à ne les essayer qu'alors qu'ils auront fait des myriades de bonnes études de toutes sortes et qu'ils seront devenus déjà d'une jolie force. Mais qu'ils se le disent bien; il faut être un maître, s'appeler Rousseau, Diaz ou Courbet, pour rendre à la perfection l'imposant d'une forêt, Corot ou César de Cock pour saisir le charme d'un sous-bois.

CHAPITRE VII

TERRAINS. PREMIERS PLANS, ETC.

Pour être bien réussi, un terrain doit réunir certaines conditions : être solide de tons, tout en n'étant point lourd; bien en perspective, il faut qu'on sente que sur lui repose tout le reste.

Tout en faisant valoir, par oppositions, aussi bien les couleurs que les lignes, le terrain devra être traité simplement si le reste de la composition comporte beaucoup de détails; le détailler davantage. si c'est lui qui joue le rôle principal, en premier plan.

La recherche d'un premier plan est chose fort importante, car il peut ou compléter, en l'agrémentant, tout le reste du tableau, ou le démolir entièrement, s'il est

lourd, mal compris, s'il est faux de couleurs ou s'il
ne rentre pas dans la tonalité générale. C'est chose d'autant plus difficile que, par certains effets (le matin par
exemple), tout ce qui est à une distance, même minime,
de celui qui regarde est enveloppé de brumes de moins

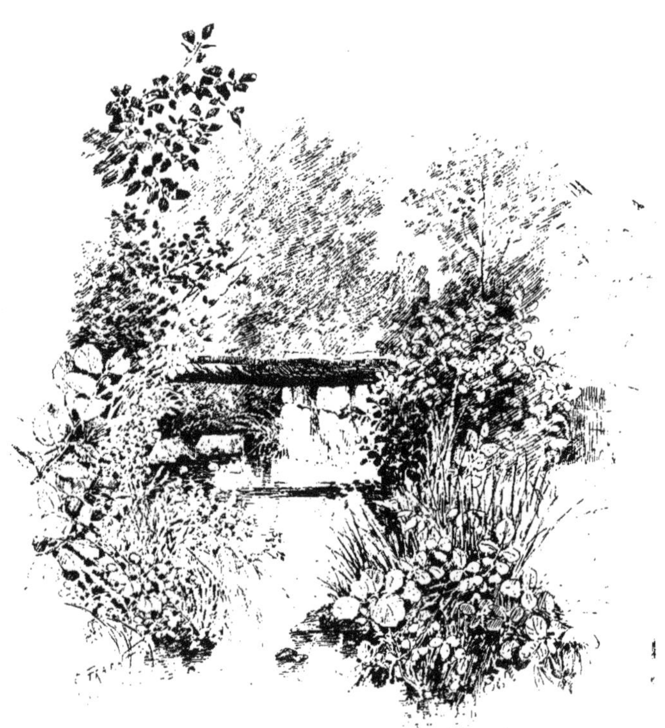

en moins accusées, à mesure qu'on se rapproche du
tout premier plan, lequel, étant à vos pieds, conserve
presque sa couleur locale; or, bien conserver cette
perspective de couleur, cette gradation de tons, depuis
le plus intense jusqu'au plus estompé, réclame, de
celui qui les veut rendre, une grande sûreté de coup

d'œil, une connaissance parfaite de la couleur et une notion très exacte des valeurs.

Dans certains tableaux, le terrain est simple de ton et de dessin; il ne sert que de base à tout le reste.

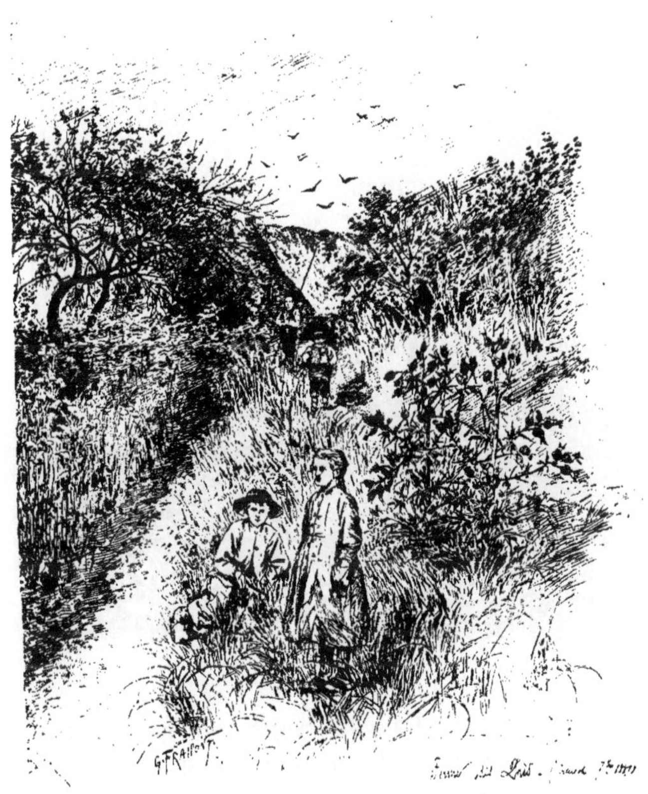

Dans certains autres, son rôle est plus important, ses couleurs plus variées.

Enfin, dans d'autres œuvres, il tient la place la plus grande.

Tel sujet vous aura tenté par les jolies silhouettes des

lointains, ou par les découpures d'un arbre sur le ciel : le terrain ne sera que l'accompagnement.

Dans tel autre motif, c'est le terrain seul qui vous aura fait sortir couleurs et pinceaux de leurs étuis, vous ne résisterez pas au désir d'étudier de près les herbes folles qui le recouvrent ou les fleurettes qui l'émaillent ;

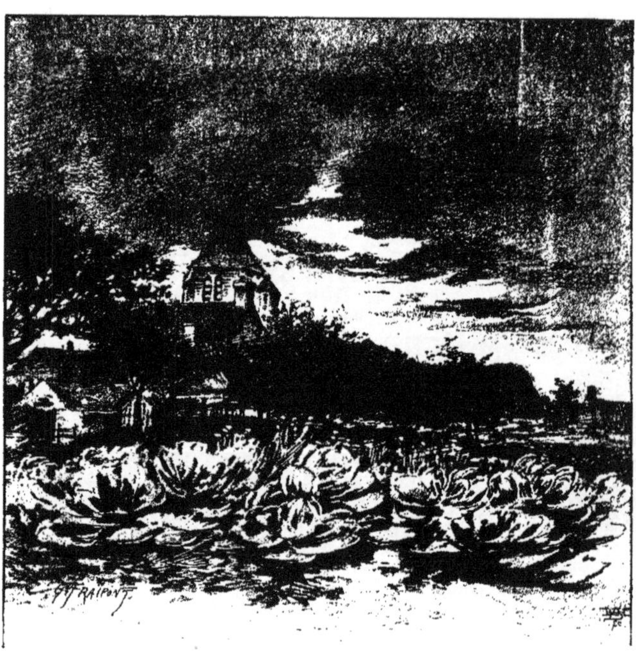

votre terrain deviendra votre sujet principal, l'arbre qui y aura poussé ou la maisonnette qu'on y aura construite ne seront qu'accessoires, que compléments.

C'est une étude attrayante au plus haut degré que celle des premiers plans ; ceux-ci variant à l'infini sont toujours ravissants à peindre quand on les sait choisir. Les plantes les plus simples, les plus communes, deviennent décoratives pour qui sait les voir.

Les fleurs les plus modestes, les herbes les plus sauvages, les orties, les ronces ou les chardons, forment des premiers plans ravissants.

Un terrain planté de choux, un champ de potirons... sujets superbes, tout cela.

A ceux que ce genre de motifs séduirait nous conseillerions de s'exercer à peindre des fleurs (1), des natures mortes (2), études faciles à faire chez soi, où l'on peut en toute saison se procurer l'un et l'autre ; ils se trouveront alors moins désorientés devant la nature et plus aptes à rendre des ensembles. Ils apprendront aussi à connaître les ressources que leur offre leur palette et à trouver, par eux-mêmes, les combinaisons de tons que nous ne pouvons leur donner ici, puisqu'elles varient à l'infini et que, du reste, nous leur en avons indiqué les bases dans un précédent volume.

CHAPITRE VIII

DES DIFFÉRENTS EFFETS OU SUJETS PASSAGERS

§ 1.

Vues de villes.

Nous croyons avoir donné des détails suffisants au sujet des différentes parties constituant le paysage.

(1) G. Fraipont, *L'Art de peindre les fleurs.*
(2) G. Fraipont, *L'Art de peindre les natures mortes.*

Occupons-nous maintenant des effets ou sujets passagers, et de la manière de procéder pour les rendre. Nous avons dit en commençant que, par *paysage*, nous entendions parler aussi bien des sujets qu'on trouve à la campagne que de ceux qu'on rencontre à la ville : Paris pullule de coins intéressants à peindre ou à dessiner. Les moyens dont on dispose sont évidemment les mêmes ; on risque seulement d'avoir moins ses aises qu'à la campagne et d'être bien vite entouré d'un cercle de

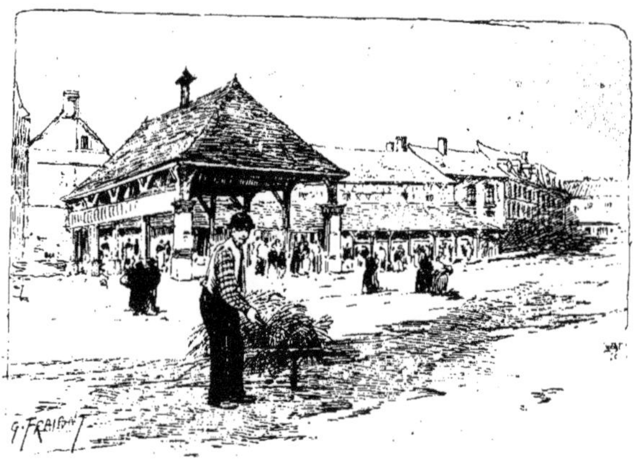

badauds. Habitude à prendre, cela ; pour s'installer un peu partout, il faut faire en sorte de se trouver un peu partout chez soi ! Pour entreprendre des études de *coins parisiens*, il est utile d'avoir fait déjà pas mal d'études de *coins campagnards ;* celles-ci auront donné une sûreté de main et de coup d'œil et fait faire suffisamment connaissance avec la couleur pour aller rapidement et à peu près sûrement. Ce sont ici choses essentielles, car il vous faudra prendre au vol les gens, les bêtes, les voitures, les tramways, en un mot tout ce qui constitue le diorama se déroulant sous vos yeux ; car je ne suppose pas qu'en faisant du *Paris*, vous ayez l'intention de faire du *Paris désert!* Choisissez, au début, des endroits peu encombrés de monde. A Paris, il y a de tout : rues désertes et rues animées, avenues luxueuses et ruelles sordides ; suivant vos goûts et vos aptitudes, faites l'un ou l'autre, car l'un ou l'autre est intéressant. Si vous êtes quelque peu éclectique, vous ferez les deux. Dans certains quartiers vous trouverez du

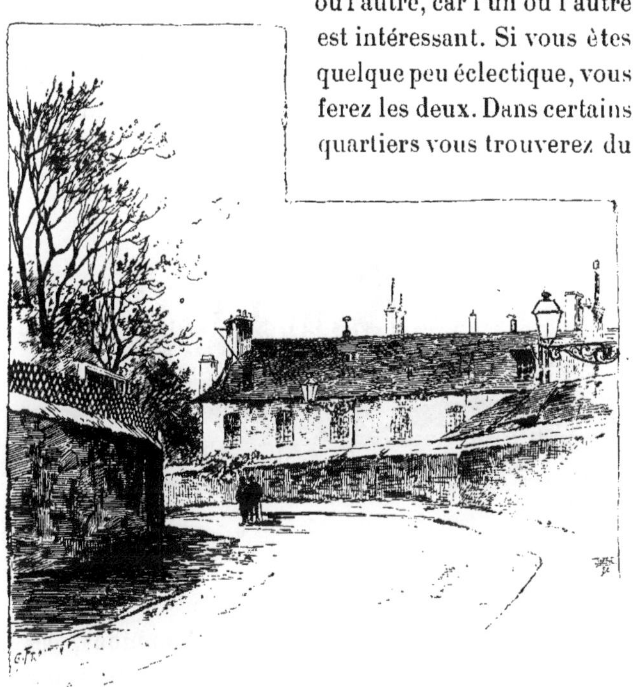

pittoresque à foison et comme constructions et comme public ; les bords de la Seine, entre Auteuil et Bercy (si vous ne voulez pas franchir les fortifications), vous offriront des sujets sans nombre et des effets très variés.

Pour faire une pochade dans Paris, il est bon de s'être exercé d'abord à faire des croquis rapides, à saisir les mouvements, les attitudes (1), voir rapidement les couleurs et enfin savoir bien mettre chaque chose en valeur pour la laisser à son plan.

Voilà pour la pochade ; si c'est une œuvre complète qu'on veut produire, il faut au préalable faire des études successives, dont certaines devront être assez poussées et surtout très dessinées. Commencez d'abord par une pochade d'ensemble avec l'effet choisi : effet de soleil ou effet gris, pluie ou neige ; vous en ferez ensuite qui

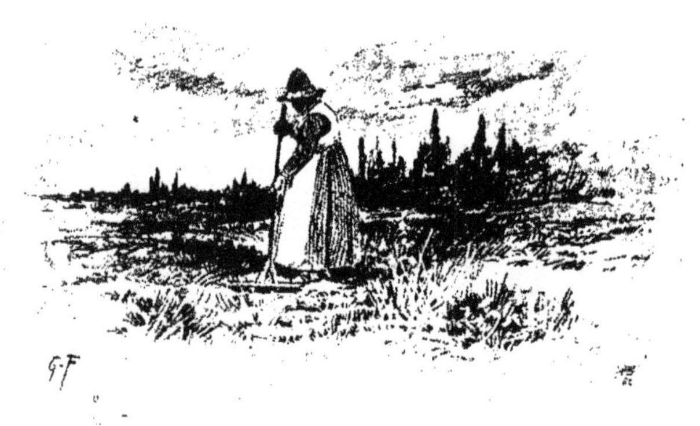

ne comprendront que les sujets animés : des gens, courant ou marchant, des silhouettes d'omnibus, des tramways, des fiacres lancés à la vitesse vertigineuse habituelle aux fiacres parisiens, etc., etc.

C'est pour le *côté animé* qu'il faut être vif et habile ; pour les fonds, les monuments, les maisons vous avez du temps, faites-en donc des études serrées. Certaines parties feront l'objet de croquis spéciaux, tels un fronton sculpté, une partie de monument qu'on voudra faire valoir.

(1) Voir *L'Art de prendre un croquis.*

Il va sans dire que ces diverses études devront être faites par un même temps, de façon à avoir un effet général se tenant bien.

Tous vos documents récoltés, mettez-vous à l'œuvre

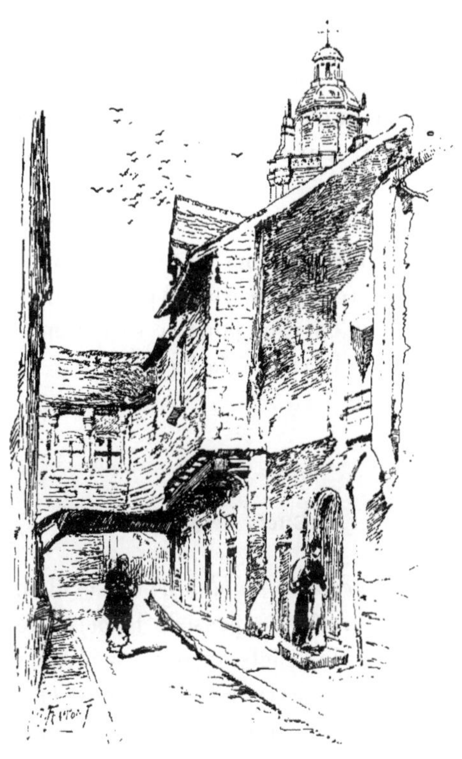

bien tranquillement à l'atelier; dessinez d'abord exactement à la grandeur voulue le sujet que vous allez traiter : vous avez, pour ce, vos études et votre pochade d'ensemble.

D'après les croquis et les notes que vous aurez prises, placez vos gens, vos bêtes, vos voitures; là se reconnaîtra le plus ou moins de goût que vous possédez et le plus ou moins d'aptitudes à la composition dont vous êtes doué. C'est chose assez difficile que de bien camper ses figures pour leur donner la vie et le mouvement, que de les poser bien d'aplomb sur le terrain. Vos figures seront petites, puisque vous êtes *paysagiste* et non *figuriste;* elles ne feront apparition dans votre œuvre que pour l'animer et lui donner la couleur locale, mais quelque petites qu'elles soient il leur faut de la tournure, des proportions.

Ce n'est pas pour *Paris* seulement qu'on devra procéder comme nous venons de le dire, mais également pour toute aquarelle de certaine grandeur, impratique au dehors, et qu'on veut pousser sérieusement et étudier à loisir dans le calme de l'atelier.

§ 2.

Effets de pluie.

L'aquarelle, *genre aimable*, n'offre évidemment pas toutes les ressources que possède la peinture à l'huile pour rendre tous les effets quelque variés qu'ils soient; on peut néanmoins essayer. Signalons, en tous cas, certains de ces effets, sans forcer personne à les choisir; si l'on ne réussit pas, on n'aura sacrifié que quelques feuilles de Wahtman et usé quelques couleurs. Au cas où les études seraient manquées et les effets cherchés imparfaitement rendus, on en retirera toujours quelque chose et comme document et comme sujets d'études.

Les effets de pluie, par lesquels nous commençons, sont relativement faciles; le seul ennui c'est... la pluie!

Gare votre papier. S'il n'est pas bien abrité, l'eau du ciel y viendra faire, au beau milieu de vos teintes fraîchement appliquées, des arabesques et des étoiles, d'un dessin tout à fait inattendu, mais d'un effet douteux.

La première condition pour peindre un « temps de

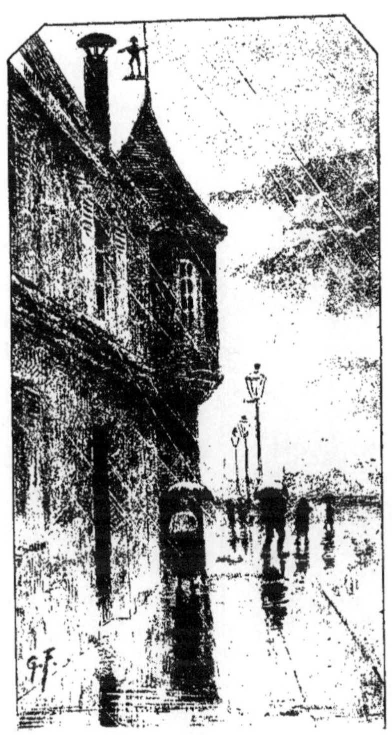

pluie », condition *sine quâ non*, c'est d'être absolument à l'abri. Tous les moyens sont bons, soyez génial, usez de tous les subterfuges imaginables, sacrifiez-vous vous-même, à la condition que votre papier soit protégé assez pour n'être trempé que par l'eau que vous jugerez bon d'employer... non par celle qui tombe.

Le meilleur moyen (nous l'avons employé souvent, non seulement par les temps de pluie, mais dans bien d'autres cas) est de nous nicher dans un fiacre où, somme toute, on peut travailler fort à l'aise.

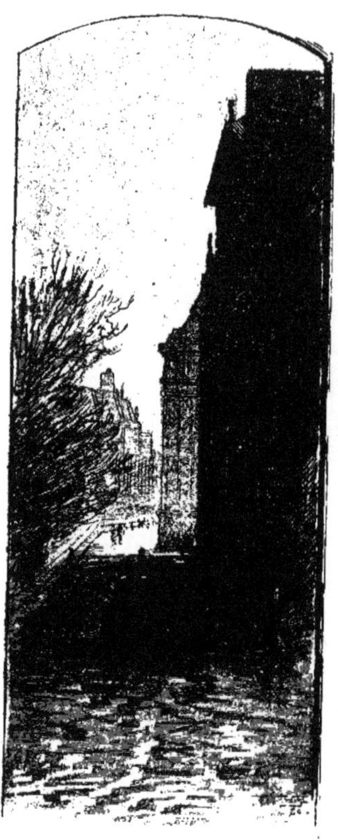

Il serait dommage de ne pas faire, de temps à autre, des études *mouillées*. Les effets que donne la pluie sont souvent fort amusants à rendre :

A la campagne, les tons prennent une intensité inouïe, les verts des arbres, les rouges des toits vibrent à qui mieux mieux ; les terrains détrempés, parsemés de flaques d'eau où se reflète le ciel, prennent des variétés de tons des plus intéressantes à étudier.

A Paris, les temps de pluie sont du plus pittoresque aspect.

Tous ces gens crottés, se recroquevillant sous leurs parapluies, ces omnibus déserts au-dessus, bondés en dessous, ces reflets sur l'asphalte mouillé et brillant comme un miroir ; et, piquetant le ton gris général, des notes bleues, rouges, vertes, jaunes ! C'est bien tentant à peindre ! Ne résistez pas, installez-vous, en fiacre ou ailleurs, et tâchez de rendre ce que vous

avez sous les yeux; si vous réussissez, vous ne regret-
terez ni votre temps ni l'argent de votre voiture!

§ 3.

Effets de neige.

Brrrr!...

Ça vous fait grelotter peut-être, l'idée d'aller vous
installer en hiver au milieu de la campagne ou au coin
d'une rue pour peindre *en blanc!*... Dame! cela n'est
pas bien tentant, à première vue (à seconde non plus), et

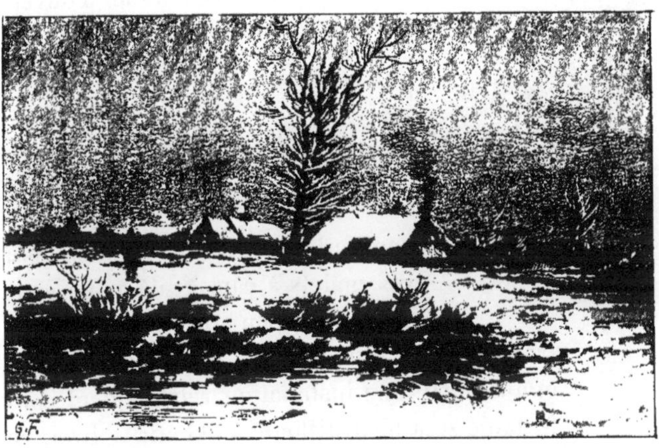

il faut être bien amoureux de son art pour s'en aller
braver l'onglée et les engelures sous prétexte d'étudier
un *effet d'hiver!*

Ceux qui redoutent trop l'un ou l'autre resteront au
coin de leur feu à regarder tomber la neige sans songer
à la peindre, à moins qu'ils n'aient la chance de voir,
de leur fenêtre, un coin qui les intéressera, auquel cas

ils le peindront bien gentiment de chez eux, sans se préoccuper du froid extérieur ; ceux-là peuvent s'abstenir de lire la suite de ce paragraphe.

A ceux qui seront assez fanatiques de leur art pour oublier en sa faveur les rigueurs de l'hiver, nous allons donner quelques conseils. Avant tout, il faudra qu'ils prennent une surcharge de bagages ; d'ailleurs cela les réchauffera.

Le froid aux pieds étant surtout fort à redouter, il est nécessaire de se chausser de sabots ou de galoches, et même d'emporter une chaufferette. Une bonne couverture bien épaisse est indispensable, des mitaines aussi ; avoir soin de poser sur votre chaufferette, non seulement vos pieds, mais aussi vos godets à eau. Voilà pour vous garantir, à peu près ; mais outre le froid vous éprouverez un tas d'autres petits ennuis, car une installation relativement confortable sera bien difficile à obtenir... Bref, ce ne sera pas gai à faire, une étude de ce genre ; mais puisque vous êtes un fanatique de la « belle nature » sous quelque forme qu'elle se présente, vous oublierez tous ces inconvénients pour ne penser qu'à votre travail.

Comme on n'emploie pas, en aquarelle, la couleur blanche (c'est, vous le savez, le ton du papier qui la remplace), et l'effet de neige ayant les blancs comme tonalités générales, — c'est par transparence que vous obtiendrez vos effets.

Suivant l'éclairage, la neige prend des teintes diverses : au soleil, des tons roses et jaunes, toujours très doux ; à l'ombre, des tons bleutés. Les parties neigeuses, soit dans les terrains, soit sur les toits, seront donc toujours traitées en teintes légères ; les arbres, les maisons, se détacheront en foncé, par opposition avec la blancheur de la neige. Le bistre, le bleu, etc., prendront part à la fête ; les accidents de rouge, de vert, auront leurs tons locaux.

Ceci pour la campagne ; à la ville, usez-en comme pour les effets de pluie, vous avez toujours la ressource du fiacre ! Méfiez-vous de la mention : *chauffé*, souvent mensongère, et vérifiez la bouillotte avant de mettre les pieds dessus... C'est prudent !

Voilà pour l'effet de neige. Au lecteur à voir si, après cela, il se sent le courage d'aller contrôler de *visu* l'exactitude de ce que nous venons d'écrire à son intention.

§ 4.

Effets d'orage, etc.

Nous citons ceci comme mémoire, ayant développé le sujet dans un autre volume nous y renvoyons nos lecteurs (1).

Également pour les *couchers de soleil.*

(1) *L'Art de peindre les marines.*

§ 5.

Clairs de lune.

Les *clairs de lune* nécessitent plusieurs études consécutives si l'on veut en avoir un rendu aussi exact que le permettent les moyens dont nous disposons.

A moins de se borner à faire une *pochade*, un *à peu près*, il faudra procéder pour les études préparatoires à

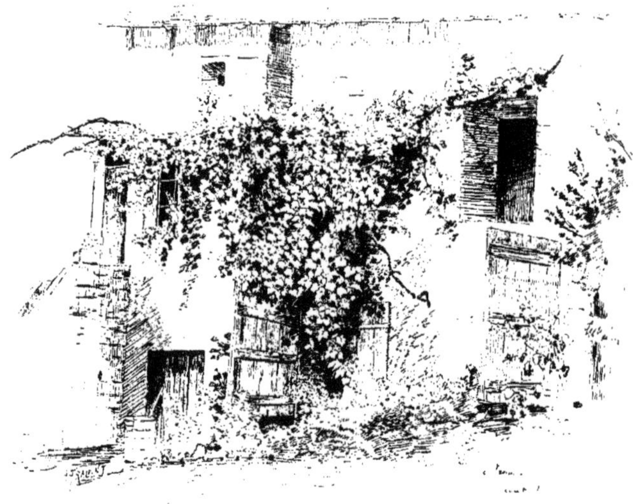

peu près comme pour les compositions qui font l'objet de notre § 1er.

Que de sujets charmants ou fantastiques on peut trouver à faire par un effet de lune! Les silhouettes se détachant en vigueur, se dessinant nettement sur le ciel, adoptent des formes extraordinaires ; si, avec cela, on est doué d'un peu d'imagination, on voit de tout, au clair de lune, du comique et du tragique. Le moindre objet, un arbrisseau, un poteau, un pan de mur, deviennent drolatiques ou macabres, suivant l'œil qui les considère et l'endroit d'où on les regarde. Si vous êtes le moins du monde nerveux, vous éprouverez, au clair de lune, une foule de sensations singulières que le grand silence qui règne autour de vous ne contribuera pas peu à augmenter.

Tout cela donne un attrait et un charme étrange à ce

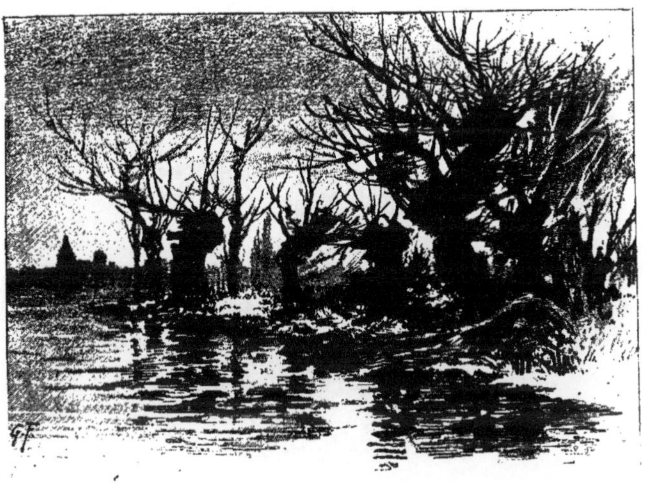

genre d'études ; pour les mener à bien, voici, croyons-nous, la meilleure façon de s'y prendre.

Une étude d'ensemble, d'abord en commençant par les fonds et revenant en avant jusqu'aux premiers plans; ceci, sans trop vous inquiéter du dessin exact et en négligeant les détails, que du reste vous ne verrez pas, bonne raison pour ne les point faire. Pour se risquer à faire une étude d'effet de lune, il est indispensable de bien connaître sa palette et de savoir, *au jugé*, apprécier le ton que donnera au jour tel ou tel mélange qui aura été fait à la lumière, car, nous avons omis de le dire et c'est peut-être par là qu'il eût fallu commencer, il faut se munir d'une lanterne, dont un côté seulement garni d'un verre, sera dirigé sur votre papier, qu'il éclairera, alors que vous resterez dans l'ombre, condition

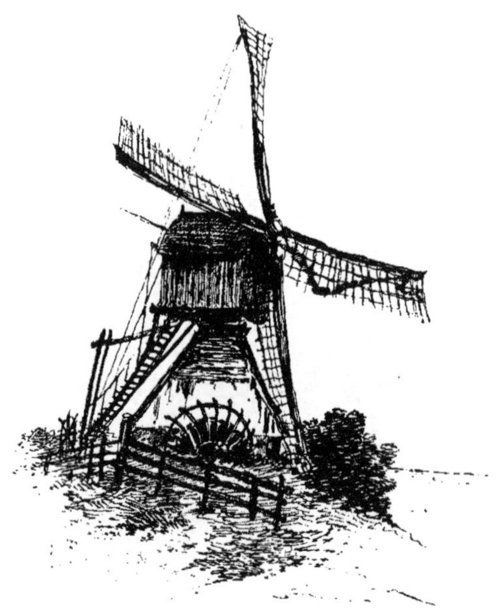

nécessaire pour n'être point aveuglé au point de ne voir que son papier, plus du tout son sujet.

Cette première pochade de mise en place et de recherche des valeurs faite... rentrez vous coucher! Le lendemain, revenez par le même effet, et continuez par quelques études partielles de détails qu'il sera nécessaire de glisser dans votre composition; vous vous en rapprocherez pour les mieux percevoir.

Il ne faut pas manquer de compléter, par des notes

écrites, par des croquis, les lacunes que vous serez forcé de laisser.

Vous reviendrez en plein jour revoir l'endroit choisi, en vous plaçant comme vous l'avez fait la nuit et vous compléterez là vos notes et redresserez votre dessin.

Ce sera chez vous, d'après vos premières pochades, en consultant vos notes et surtout votre mémoire, que vous ferez votre aquarelle définitive; si la mémoire vous fait défaut, si vos notes ne sont pas assez complètes, interrompez votre travail et retournez le soir prendre les renseignements complémentaires. Nous le répétons, les effets de lune sont prétexte à foule de sujets; nous engageons donc fortement ceux qui ont bien voulu nous suivre jusqu'ici à essayer : ce sera pour eux un excellent exercice et un genre d'études très profitable.

Ne faites pas comme le singe de la fable qui,

> ... N'avait oublié qu'un point,
> C'était d'éclairer sa lanterne.

Munissez-vous d'une boîte d'allumettes, car le vent est souvent un mauvais plaisant qui pourrait s'amuser à l'éteindre.

§ 6.

Pour compléter les précédents.

Nous avons cité les effets principaux, ceux qui nous sont venus à la mémoire, et que nous avons essayés par nous-même; mais ce ne sont pas les seuls et ceux mêmes dont nous avons parlé ont leurs variantes à l'infini : un coucher de soleil en hiver n'est point du tout pareil à un soleil couchant en été; quand il fait grand vent, sa tonalité n'est pas la même que par un

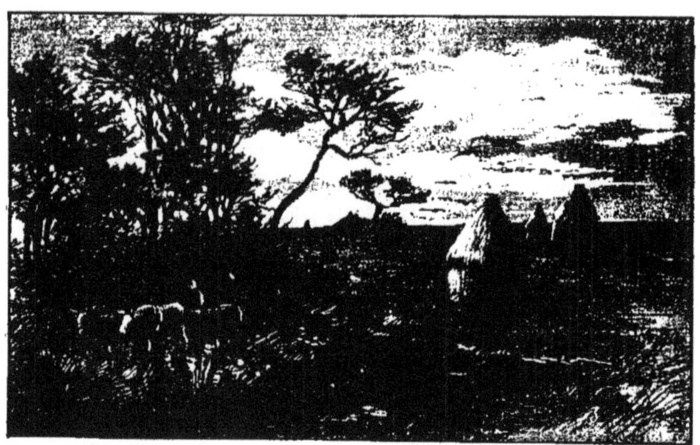

temps calme. De même pour tous les effets décrits :

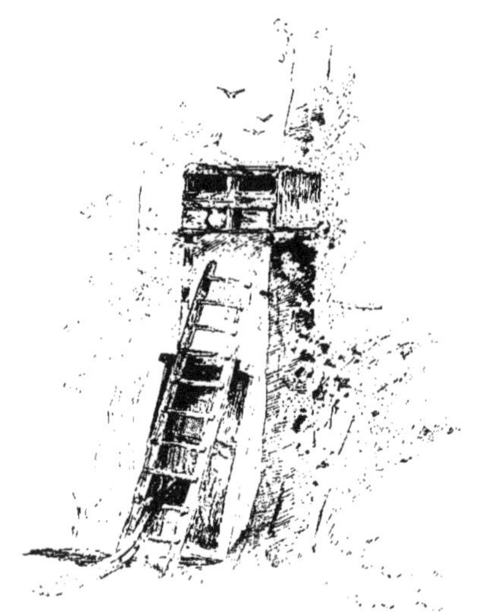

un clair de lune est plus ou moins *clair*; le ciel est plus ou moins chargé de nuages, et ainsi de suite.

Nous avons cru inutile de surcharger ce petit ouvrage d'une foule de détails, d'y signaler tous les effets
prévus ou possibles ; chacun en ceci consultera ses aptitudes et ses prédilections : on se contentera des effets
franchement accusés comme le plein soleil ou le temps
gris, ou bien l'on choisira les effets cités ou leurs inter-
médiaires : les levers de lune ou de soleil, l'aube ou
le crépuscule, etc., etc.

Si l'on est un peu épris de son art, si l'on s'est efforcé
par le travail d'y acquérir quelque habileté, on trouvera
toujours et partout des sujets à son goût, intéressants
autant qu'instructifs.

CONCLUSION

Quel que soit le genre de *paysages* qu'on affectionne,
il n'est pas besoin d'aller loin pour trouver des sujets
à profusion ; à moins de n'aimer que les hautes montagnes à cimes neigeuses, les volcans ou les précipices, auquel cas les Alpes, les Pyrénées ou l'Auvergne
seront tout indiqués, les environs de Paris vous offriront tous les sites et tous les effets souhaitables. A nos
portes nous avons de tout : la pleine campagne et les
villages coquets, la forêt et les bois, les ruisseaux et
les rivières.

Consultez les maîtres paysagistes de notre époque :
les Corot, les Daubigny, les Millet, les Français, les
Rousseau, toute cette pléiade de grands artistes qui ont
produit des merveilles... ils ne sont pas allés bien loin
pour trouver motifs à chefs-d'œuvre. Corot a choisi
Ville-d'Avray, Daubigny les bords de l'Oise ; les uns

sont allés étudier la forêt de Fontainebleau ; d'autres ont préféré la vallée de Chevreuse.

Mais là seulement ne se bornent pas les *vues à peindre*, et si de temps en temps le voyage vous amuse, faites un tour en Bretagne ; allez peindre les pommiers normands ou les châteaux Tourangeaux ; surtout, ne revenez jamais vos cartons vides ou vos blocs immaculés. Si le temps vous manque pour faire des études poussées, contentez-vous de pochades, vous serez bien heureux de retrouver les unes et les autres, fût-ce comme souvenirs, fût-ce comme documents.

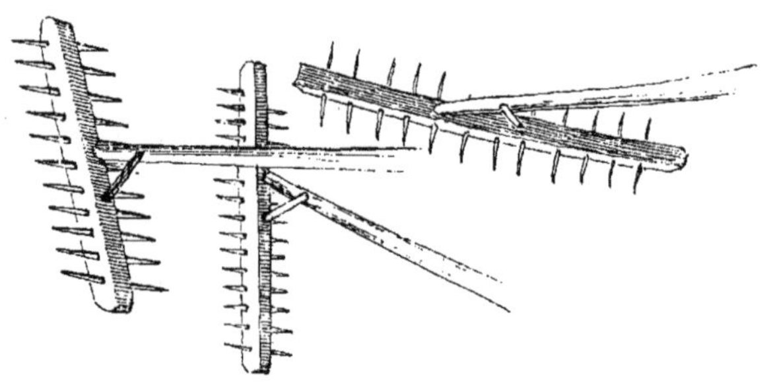

TABLE DES MATIÈRES

Introduction 1

PREMIÈRE PARTIE

CHAPITRE I. — Conseils préliminaires.............. 5
—   II. — Ce que nous entendons par paysage... 8
—   III. — Facilités et difficultés des paysages... 10
—   IV. — Des accessoires..................... 16

DEUXIÈME PARTIE

CHAPITRE V. — Des différents motifs.............. 18

§ 1er. — Les fabriques................. 18
§ 2 — Les ciels..................... 26
§ 3. — L'eau...................... 27

—   VI. — Feuillages, bois................... 30

§ 1er. — De quelques espèces d'arbres.... 30
§ 2. — Études d'arbres............... 39
§ 3. — Sous-bois, forêts, etc........... 44

—   VII. — Terrains, premiers plans, etc........ 47
—   VIII. — Des différents effets ou sujets passagers............................ 51

§ 1ᵉʳ. — Vues de ville................... 51
§ 2. — Effets de pluie................. 56
§ 3. — Effets de neige................. 59
§ 4. — Effets d'orage, etc............. 61
§ 5. — Clairs de lune................. 62
§ 6. — Pour compléter les précédents.. 65

CONCLUSION 67

2126-02. — CORBEIL. Imprimerie CRÉTÉ.

ENSEIGNEMENT PRATIQUE DES BEAUX-ARTS

Ouvrages de KARL-ROBERT

Chaque volume avec nombreuses gravures.
Broché, 6 fr. ; Relié, 8 fr.

AQUARELLE - PAYSAGE (Traité pratique complet et illustré sur l'étude de L'). Leçons illustrées et écrites d'après ALLONGÉ, CICÉRI, etc. 4ᵉ édition, revue et augmentée. 1 vol. in-8.

AQUARELLE-FIGURE (L'). Portrait et genre. 1 vol. in-8.

ENLUMINURE DES LIVRES D'HEURES (TRAITÉ PRATIQUE DE L'). Missels, canons d'autels, images pieuses et gravures. 1 vol. in-4.

FUSAIN SANS MAITRE (LE). Traité pratique et complet sur l'étude du paysage au fusain, d'après ALLONGÉ, APPIAN, LALANNE, LHERMITTE, etc. Nouvelle édition. 1 vol. in 8.

GRAVURE A L'EAU-FORTE (TRAITÉ PRATIQUE DE LA). 1 vol. in-8.

MODELAGE ET SCULPTURE (TRAITÉ PRATIQUE DE), avec renseignements sur le moulage, l'exécution en terre, marbre, terre cuite. 1 vol. in-8.

PASTEL (LE). Traité pratique et complet, comprenant la figure et le portrait, le paysage et la nature morte. 1 vol. in-8.

PEINTURE A L'HUILE. Paysage (TRAITÉ PRATIQUE DE LA). Nouvelle édition revue et augmentée. 1 vol. in-8.

PEINTURE A L'HUILE. Portrait et genre (TRAITÉ PRATIQUE DE LA). 1 vol. in-8.

PHOTOGRAPHIE (LA). Aide du paysagiste ou photographie des peintres ; résumé pratique des connaissances nécessaires pour exécuter la photographie artistique, paysage, portrait. 1 vol. in-8.

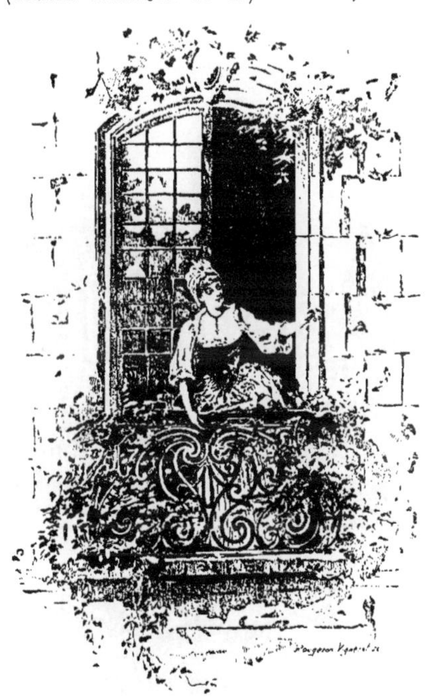

LINDER. — A LA FENÊTRE.
(Extrait de *l'Aquarelle-Figure.*)

AQUARELLE-PAYSAGE (L'). Abrégé.. 1 fr. 50

FUSAIN SUR FAIENCE (LE). Petit guide de peintures vitrifiables en grisaille. 1 vol. in-8 avec gravures... 2 fr.